Peter Racine Fricker.

Santa Barbara.

February 1988.

Richard Strauss

Der Rosenkavalier

VOCAL SCORE

Arrangement by
Otto Singer

Dover Publications, Inc., New York

Dedicated to my dear relatives
the Pschorr family in Munich

This Dover edition, first published in 1987, is a republication of *Der Rosenkavalier. Vollständiger Klavier-Auszug mit deutschem Text. Arrangement von Otto Singer,* originally published by Adolph Fürstner, Berlin, in 1911. A table of contents, an English translation of the dedication and the list of characters, and a glossary of German terms have been newly prepared for this edition, and the original German-language dedication and list of characters have been deleted.

Manufactured in the United States of America
Dover Publications, Inc., 31 East 2nd Street, Mineola, N.Y. 11501

Library of Congress Cataloging-in-Publication Data

Strauss, Richard, 1864–1949.
[Rosenkavalier, Vocal score]
Der Rosenkavalier.

Opera; libretto by Hugo von Hofmannsthal.
Reprint. Originally published: Berlin: A. Fürstner, 1911.
1. Operas—Vocal scores with piano. I. Singer, Otto, 1863–1931.
II. Hofmannsthal, Hugo von, 1874–1929. III. Title.
M1503.S916R66 1987 87-751787
ISBN 0-486-25501-8

Contents

Glossary of German Musical Terms in the Score

aber, but; *allein*, alone; *allmählich*, gradually; *als*, as, than; *auf*, up; *Aufzug*, act; *ausdrucksvoll*, expressively; *äusserst*, *aeusserst*, extremely; *aussprechen*, pronounce; *beginnen*, begin; *beginnend*, beginning; *bei*, with; *beruhigen*, die down, lessen; *beschwingt*, quickly; *bewegt*, moving, agitated; *bewegter*, quicker; *breit*, broad; *Bühne*, stage: *Chor*, chorus; *dann*, then; *dasselbe*, the same; *derb*, coarsely; *des*, of; *deutlich*, clearly; *doppelt so langsam*, twice as slow; *drängend*, pressing, stringendo; *dreitaktig*, in triple meter; *durchaus*, thoroughly; *eilen*, hurry; *Einleitung*, introduction; *Erde*, floor; *ersten*, first; *etwas*, somewhat; *Fanfaren*, fanfares; *ferne*, distant; *fest*, firm, steady; *fliessender*, flowing; *folgen*, follow; *frech*, saucy, brazen; *frisch*, fresh, cheerful; *früher*, earlier; *ganze*, whole; *gedämpft*, muted; *gedehnt*, lengthened; *gefühlvoll*, full of expression; *gehend*, moving; *gelassener*, calmer; *gemächlich*, leisurely; *gemessen*, measured, moderate; *gesanglich*, singing; *gesungen*, singing; *getragen*, stately; *gewissen*, certain; *gewöhnlich*, normal; *gravitätisch*, solemnly; *Grazie*, gracefulness; *graziös*, graceful; *gut*, quite; *Hälfte*, half; *harpegiert*, arpeggiated; *heftig*, violently; *heiter*, cheerfully; *hervortretend*, prominent; *hinter*, behind; *I.*, *II.*, *III.*, *IV.*, 1st, 2nd, 3rd, 4th; *immer*, always, steadily; *innig*, heartfelt; *jedes*, each; *kann*, can; *klein*, bit; *Köpfe*, heads; *kurz*, short; *langsam*, slowly; *laut*, loud; *lebhaft*, lively; *leicht*, lightly; *leidenschaftlich*, passionately; *leise*, softly; *marschmässig*, marching; *Marschtempo*, march tempo; *mässig*, moderate; *mit*, with; *möglich*, possible; *nicht*, not; *noch*, still, yet; *nur*, only; *ohne*, without; *paar*, couple; *parodistisch*, parodistic; *plump*, heavy; *Pult*, stand, desk; *pultweise*, by stand; *rasch*, quickly; *rhythmisch*, rhythmically; *ruhig*, calm, peaceful; *Sänger*, singer; *schlagen*, beat; *Schluss*, end; *schmachtend*, yearning; *schnell*, fast; *schon*, already; *schwärmerisch*, effusively; *schwer*, heavily, powerfully; *seelenvoll*, soulfully; *sehr*, very; *seufzend*, sighing; *singend*, singing; *stehenden*, standing; *Steigerung*, rise, increase; *stets*, constantly; *Streicher*, strings; *Strophe*, stanza; *stürmisch*, stormily; *süss*, sweetly; *Takt*, beat, bar; *Tür*, door; *überschwenglich*, extravagant; *übrigen*, rest, others; *viel*, much; *von hier aus*, from here on; *von jetzt ab*, from now on; *Vorhang*, curtain; *vorher*, previously; *vorigen*, previous; *Vortrag*, execution; *Walzertempo*, waltz tempo; *Wand*, wall; *weich*, tenderly; *wenig*, less; *werden*, *werdend*, becoming; *wie*, as; *wieder*, again; *wiegend*, swaying; *Wort*, word; *zart*, *zärtlich*, softly; *Zeitmass*, tempo; *ziemlich*, rather, quite; *zögernd*, hesitantly; *zurückkehrend*, returning; *zusammen*, together; *zwei*, two; *zweite*, second.

Characters

The Feldmarschallin Princess Werdenberg [Marschallin]	*Soprano*
Baron Ochs auf Lerchenau	*Bass*
Octavian, called Quinquin, a young gentleman of a noble house	*Mezzo-soprano*
Herr von Faninal, a rich man newly ennobled	*High Baritone*
Sophie, his daughter	*High Soprano*
Miss Marianne Leitmetzerin, the Duenna	*High Soprano*
Valzacchi, an intriguer	*Tenor*
Annina, his accomplice	*Alto*
A Police Commissioner [Kommissarius]	*Bass*
The Marschallin's Major-Domo [Haushofmeister]	*Tenor*
Faninal's Major-Domo	*Tenor*
Baron Ochs's Valet, Almoner, and Footman [Die Lerchenau'schen]	[*3 Basses*]
A Notary [Notar]	*Bass*
An Innkeeper [Wirt]	*Tenor*
A Singer [Sänger, Tenor]	*High Tenor*
3 Noble Orphans [adelige Waisen]	*Soprano* *Mezzo-soprano* *Alto*
A Milliner [Modistin, Marchande de Modes]	*Soprano*
An Animal Seller [Tierhändler]	*Tenor*
Faninal's Servants [Faninals Dienerschaft]	*Sopranos* *Altos* *Tenors* *Basses*
4 Footmen of the Marschallin [Lakaien]	*2 Tenors* *2 Basses*
4 Waiters [Kellner]	*Tenor* *3 Basses*
3 Messengers [Lauffer] offstage	[*3 Tenors*]
4 Little Children [kleine Kinder]	[*4 Child Sopranos*]
Porter [Hausknecht], Coachmen [Kutscher], Musicians [Musikanten]	[*Basses*] [*Tenors*]

A Little Black Page [kleiner Neger], Leopold (Baron Ochs's body servant [Leiblakai]), Servants [Lakaien], A Noble Widow [adelige Mutter], A Scholar [Gelehrter], A Flutist [Flötist], A Hairdresser [Friseur] and his Assistant [Gehilfe], Servants in Hungarian garb [Haiducken], Kitchen Staff [Küchenpersonal], Baron Ochs's Other Retainers [die Lerchenau'schen], Octavian's Retinue [Livree Octavians], Various Suspicious Types [verdächtige Gestalten], A Doctor [Arzt], Guests [Gäste], 2 Guards [Wächter].

In Vienna, in the first years of the reign of Maria Theresa.

Der Rosenkavalier
(The Rose-Bearer)
von
Richard Strauss
Op. 59

Erster Aufzug.

Einleitung.

accelerando -

f *cresc.* - -

\- - - a tempo

ff 2 *f*

(die ganze Steigerung von hier ab

mf

durchaus parodistisch!)

3 *cresc.* *f*

4 *p*

sempre

cresc. *f* *cresc.*

accelerando
Festes Zeitmaß (in tempo)
5
fff
6
sfz
accelerando
ff
7
slargando
f
molto ritenuto
molto più tranquillo
= 108
dim.
mf
8
(seufzend)

sempre più tranquillo
dim.
p l. H.
p
(seufzend)
9
mf
espr.
espr.
l. H.
r. H.
dim.
tranquillo ♩ = 96
10
p espr.
pp
11
un poco più mosso
♩ = 104.
cresc.
mf
dim.

Das Schlafzimmer der Feldmarschallin. Links im Alkoven das große zeltförmige Himmel-

bett. Neben dem Bett ein dreiteiliger chinesischer Wandschirm, hinter dem Kleider liegen. Ferner ein kleines Tischchen und ein paar Sitzmöbel. Auf einem kleinen Sopha links liegt ein Degen in der Scheide. Rechts große Flügeltüren in das Vorzimmer. In der Mitte, kaum sichtbar, kleine Türe in die Wand eingelassen. Sonst keine Türen. Zwischen dem Alkoven und der kleinen Türe steht ein Frisirtisch und ein paar Armsessel an der Wand. Die Vorhänge des Bettes sind zurückgeschlagen.- Durch das halbgeöffnete Fenster strömt die helle Morgensonne herein. Man hört im Garten die Vöglein singen.

Octavian kniet auf einem Schemel

vor dem Bett und hält die Feldmarschallin, die im Bett liegt, halb umschlungen. Man sieht ihr Gesicht nicht, sondern nur

ihre sehr schöne Hand und den Arm, von dem das Spitzenhemd abfällt.)

Oct.

— bist! Das weiß nie-mand, das ahnt

pp

Marschallin 15 (richtet sich in den Kissen auf)

Be-

Oct.

Kei- - - - -ner! (tranquillo)

pp *p*

Marsch.

klagt Er sich ü-ber das, Quin-quin? Möcht' Er, daß vie-le das

pp

Marsch.

wüßten?

16

Octavian (feurig)

Engel! Nein! Se-lig

accelerando

più mosso ¢ 𝅗𝅥 = 56

cresc. *espr.* *fp* *f*

Oct.
bin ich, daß ich der Ein- zi-ge bin, der weiß, wie
ancora
dim.
fp
dim.
Du bist!
17
Kei- ner ahnt es!
più tranquillo
tr
f
p
più dim.
pp
Nie- mand weiß es! Du, Du,
accelerando
espr.
pp
p
f
18
tempo primo, appassionato
Du!
f
dim.

Oct.
Was heißt das „Du?“ Was „Du und ich?“
espr.
sfz
espr.
p
fp
espr.
19
Hat denn das einen Sinn? Das sind Wor-te, bloße Wor-te,
p
cresc.
mf
sfz
p
nicht? Du sag! A-ber dennoch: Es ist
espr.
20
et-was in ih-nen; ein Schwin-deln,
Metr. 𝅗𝅥 = 120.
pp
espr.

Oct.
ein Zie - hen, ein Seh - nen und Drän - gen, ein Schmach - ten und
espr.
p
cresc.
f espr.
21
Oct.
Bren - nen: Wie jetzt meine Hand zu
cantabile
f
p
Oct.
deiner Hand kommt, das Zu - dir - wol - len, das
pp
sfz
sfz
22
Oct.
Dich-umklam - mern, das bin ich, das will zu Dir;
accelerando
mf
cresc.

23

ancora più tranquillo

Oct.

— a - ber das Ich ver - geht in dem Du....

f *dim.* *p* *dim.* *espr.* *pp*

24 **Tempo primo.**

Oct.

Ich bin Dein Bub —

cresc. *pp* *cresc.*

poco accelerando

Oct.

a-ber wenn mir dann Hören und Se - hen vergeht — wo ist —

fp *espr.* *r. H.* *espr.* *l. H.* *fp* *espr.*

25 **poco calando**

Oct.

— dann Dein Bub?

molto espr.

tranquillo ♩= 100
26
Marschallin (leise)
(sehr innig)
Du bist mein Bub, Du bist mein Schatz! Ich hab Dich
espr.
pp
cresc.
fp
espress.
dim.
Marsch.
(Umarmung)
lieb!
27
etwas fließender ♩= 104
poco più mosso
espr.
pp
mf
pp
28
ppp
f
Octavian.
poco più animato
(fährt auf)
Wa-rum ist Tag? Ich will nicht den Tag!
f
p
sfz
f

29

Oct.

Für was ist der Tag! Da

Oct.

ha-ben Dich al-le!

30

Fin- -ster soll sein!

(er stürzt an's Fenster, schließt es und zieht die Vorhänge zu)

Allegro. ♩ = 120

(Man hört von fern ein leises Klingeln.)

31

(Die Marschallin lacht leise)

Marschallin (zärtlich)

Lach ich Dich aus?

Octavian.

Lachst du mich aus?

32
Marsch.
Schatz Du, mein
Oct.
En - - - gel!
p
f
f
dim.
mf
(wieder ein feines Klingeln)
33
Marsch.
jun - ger Schatz.
Horch!
pp
Marsch.
Still, paß auf!
34
Octavian.
Ich will nicht.
Ich will nichts hö -
p
p
fp
(das Klingeln näher)
Oct.
- ren!
Was wird's denn sein?
35
Sinds leicht
p
pp

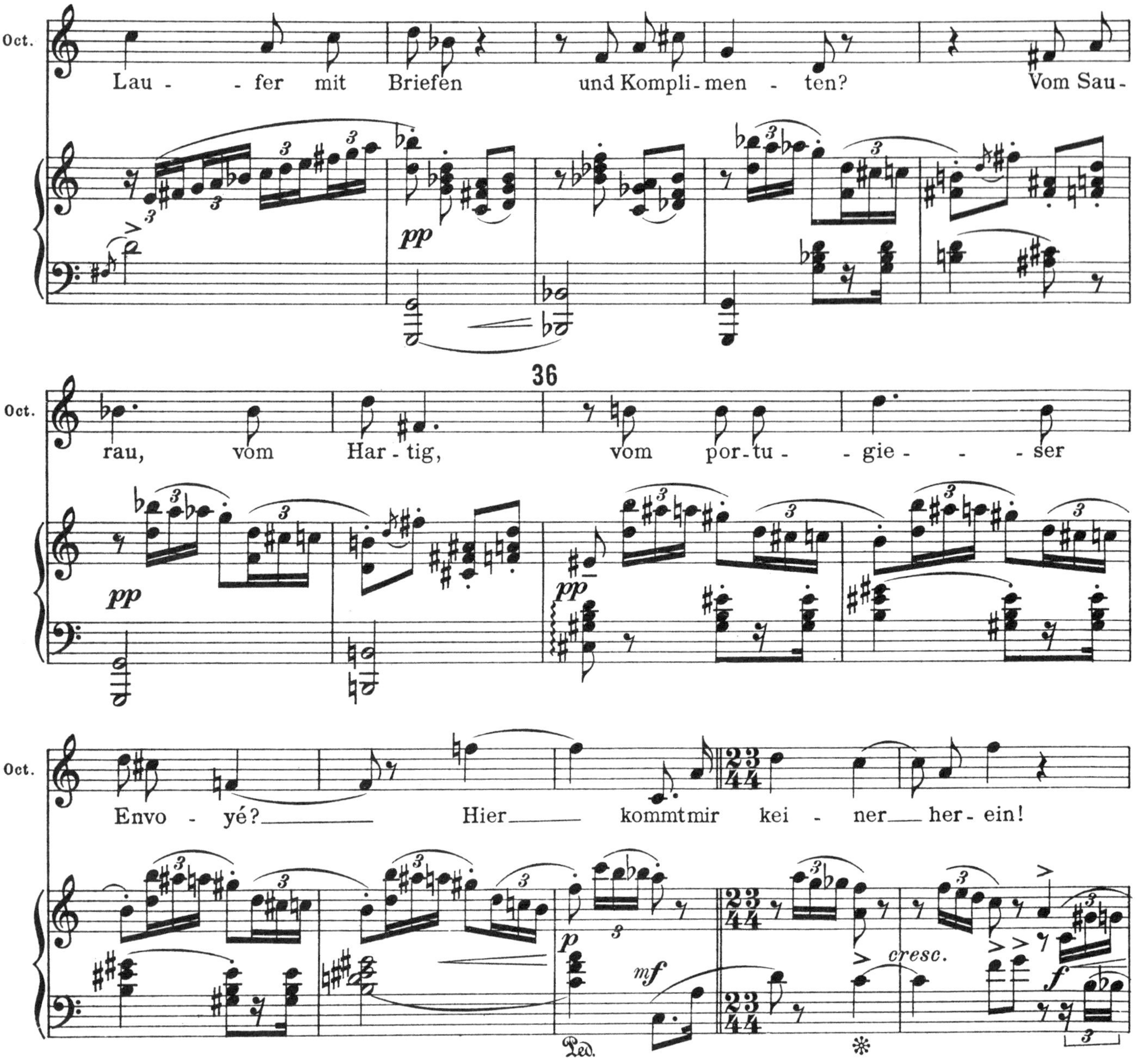

Oct.

Lau - - fer mit Briefen und Kompli - men - ten? Vom Sau -

pp

Oct.

36

rau, vom Har - tig, vom por - tu - - gie - - - ser

pp

pp

Oct.

Envo - yé? Hier kommt mir kei - ner her - ein!

p *mf* *cresc.* *f*

Ped. *

(Die kleine Tür in der Mitte geht auf und ein kleiner Neger in Gelb, behängt mit silbernen Schellen, ein Präsentirbrett mit der Chocolade tragend, trippelt über

die Schwelle. Die Tür hinter dem Neger wird von unsichtbaren Händen geschlossen.)
38
(Octavian gleitet hinter den Schirm.)
Marschallin.
Schnell, da versteck Er sich! das Frühstück ists.
mf
p
pp
p
39
Marschallin.
3
Schmeiß Er doch seinen Degen hinters Bett!
(Octavian fährt nach dem Degen und versteckt ihn)
f
mf
f
(Die Marschallin legt sich zurück, nachdem sie die Vorhänge zugezogen hat.)
(Der kleine
poco tranquillo
a tempo
espr.
p
mf
3
40
Neger stellt das Servierbrett auf das kleine Tischchen, schiebt dieses nach vorne, rückt das Sopha hinzu,
dim.
p

p
pp
41
sempre pp
verneigt sich dann tief gegen das Bett, die kleinen Arme über die Brust gekreuzt. Dann tanzt er zierlich nach
p
mf
pp
mf
rückwärts, immer das Gesicht dem Bette zugewandt.
pp
mf
42
p
An der Tür verneigt er sich nochmals
mf
dim.
p
43
und verschwindet.)
kl.Trommel
ppp
pp
pp

44
(Die Marschallin tritt zwischen den Bettvorhängen hervor. Sie hat einen leichten mit Pelz verbrämten Mantel umgeschlagen.)
(Octavian kommt zwischen der Mauer und dem Wandschirm heraus.)
Marschallin.
Er Katzenkopf! Er Un- -vor-sichtiger!
p
f
p
Marsch.
Läßt man in ei-ner Da- -me Schlaf-zimmer seinen Degen herum-lie-gen?
3
pp
mf
45
Marsch.
Hat er kei-ne besseren Ge-pflogen-hei-ten?
Octavian.
Wenn Ihr zu
un poco con gravitá
f
p
Oct.
dumm ist, wie ich mich benehm', und wenn Ihr ab-geht, daß ich kein Ge-
46
fp
f
p

Oct.
üb- -ter in solchen Sa- -chen bin,
dann weiß ich über-haupt nicht,
Marschallin.
ruhig
47
(zärtlich auf dem Sopha)
Phi-lo-so-phier Er nicht, Herr Schatz, und komm
Oct.
was Sie an mir hat!
Tranquillo
espr.
Marsch.
— Er her.
Jetzt wird ge-frühstückt.
espr.
espr.
(Octavian setzt sich dicht neben sie. Sie frühstücken sehr zärtlich.)
48
Walzertempo. (etwas ruhig beginnen, dann allmählich fließender)
Marsch.
Jedes Ding — hat sei-ne Zeit.
Metr. 𝅗𝅥. = 44.
gra-

49
zioso
pp
(Octavian legt sein Gesicht auf ihr Knie. Sie streichelt
50
pp
sein Haar.
Er blickt zu ihr auf)
51
Marschallin.
molto assai
Oc - ta - vi - an!
Octavian.
(leise)
Ma - rie The - res'! Bi - chet - te!
molto assai
pp
pp

52
Marsch.
Quin-quin!
molto espressivo
p
mf
53 espr.
p
54
Marsch.
Mein
Bub!
(sie frühstücken weiter)
Octavian.
Oct.
Mein
Schatz!
mf
p
Oct.
(lustig)
Der
accelerando
cresc.

Animato. ♩= 120
Oct.
Feld-marschall sitzt im cro - wa - - ti-schen Wald
fp
cresc.
f
55
und jagt auf Bä - - ren und Luch - sen,
p
mf
grazioso
p
56
und ich, ich sitz hier, ich jun - ges
espr.
pp
mf
57
(ausbrechend)
Blut, und jag' auf was? Ich hab ein Glück,
p
f subito

58
Marschallin (indem ein Schatten über ihr Gesicht fliegt)
Laß Er den Feldmarschall in Ruh! Mir hat von ihm ge - träumt.
Oct.
ich hab ein Glück!
pp subito
fp
pp
Marsch.
59 Octavian.
Heut Nacht hat Dir von ihm ge - träumt?
f
p
r. H.
Oct.
Heut Nacht?
60 Marschallin.
Ich schaff
rfz

Marsch.
Oct.
mir mei-ne Träu - me nicht an.
Heu-te Nacht hat Dir von Dei-nem
espr.
sfz
pp
61
Mach Er nicht sol-che Au-gen. Ich kann
Mann geträumt? Heu-te Nacht?
p
fp
62
nichts da - für. Er war einmal wie - der zu Haus.
Es war ein Lärm im Hof von
(leise)
Der Feldmarschall?
pp

Marsch.
63
Pferd und Leut und Er war da.
molto cresc.
Vor Schreck war ich auf ein - mal wach,
64
nein schau nur,
schau nur, wie ich kin - disch bin:
ich hör noch im - mer
den Ru - mor im Hof. Ich brings nicht aus dem Ohr.
65
Hörst Du leicht
Ped.

Marsch
auch was?
Octavian.
Ja frei-lich hör ich was, a-ber muß es denn Dein
pp
pp
Oct.
Mann sein!?
66
Denk Dir doch, wo der ist im Rai - tzen-land noch
pp
p
Marschallin.
67 ruhig
Ist das si-cher sehr weit? Na
Oct.
hin - terwärts von Es - seg!
poco calando
tranquillo
pp
p
Marsch.
dann wirds halt was an - - ders sein. Dann is ja gut.
dim.
pp

68 agitato
Marsch.
Weiß Er, Quin-quin, wenn es auch
Octavian.
Du schaust so ängst-lich drein, The-res?
agitato
pp
espr.
pp
Marsch.
69
weit ist – der Feldmarschall ist halt sehr ge-schwind.
pp
p
cresc.
Marsch.
(sie stockt)
70
Ein-mal –
Octavian.
Was war ein-mal?
ff
pp
pp
Oct.
(eifersüchtig)
(Marschallin zerstreut, horcht)
Was war ein-mal? Was war ein-mal?
accelerando
p
p
fp
cresc.

71
Oct.
Bi - chet - te, Bi - chet - te! Was war ein - mal?
p
cresc.
f
pp
72 Marschallin.
wieder etwas beruhigen
un poco calmato
Ach sei Er gut. Er muß nicht al - les wis - sen.
fp
p
Tempo primo.
Octavian.
73
(er wirft sich verzweifelt aufs Sopha)
So spielt sie sich mit mir! Ich bin ein un - glück -
l.H.
cresc.
f
Marschallin.
(horcht)
74
Jetzt trotz' Er nicht. Jetzt gilt's. Es ist der
Oct.
- li cher Mensch.
accelerando
poco a poco
p
fp
cresc.

Marsch.
Feld-marschall. Wenn es ein Frem-der wär', so wär' der Lärm da drau-
-ßen in meinem Vor-zim-mer. Es muß mein Mann sein, der durch die Garde-
rob' herein will und mit den La-kai-en dis-pu-tiert–
Quinquin, es ist mein Mann!
75
76
cresc.
fp
molto cresc.
ff
f
Sehr schnell (Vivace) ♩= 176
(Octavian fährt nach seinem Degen und läuft gegen rechts)

77
Marsch.
Nicht dort, dort ist das
cresc.
ff
Vor-zimmer. Da sit-zen mei-ne Lie-fe-ran-ten und ein hal-bes Dut-zend La-kai-en.
mf
p
78
(Octavian läuft hinüber zur kleinen Türe)
Da!
f
79
Zu spät! Sie sind schon in der Gar-de-rob! Jetzt bleibt nur eins! Ver-
espr.
p

(Nach einer kurzen Pause der Ratlosigkeit.)
80
Marsch.
steck Er sich!
Dort!
Octavian.
Ich spring ihm in den Weg!
Ich bleib bei
cresc.
f
p
Ped.
Dort hin-ters Bett! Dort in die Vor - - - häng!
Oct.
Dir!
f
mf
p
81
agitato
Und rühr Dich nicht!
(zögernd)
Wenn er mich dort er-wischt, was wird aus Dir, The-
pp
espr.

Marsch.
(flehend)
Ver - steck Er sich, mein Schatz!
(ungeduldig aufstampfend)
Sei Er ganz
Oct.
res?
(beim Wandschirm)
The - res!
pp
82 (mit blitzenden Augen)
still! Das möcht' ich sehn, ob ei-ner sich dort hin - über traut, wenn
cresc.
f mf
ich hier steh. Ich bin kein na-po-li-tanscher Ge-ne-ral: Wo ich steh,
poco f
f
83
(Sie geht energisch gegen die kleine Tür los und horcht)
steh ich. Sind bra ve Ker-l'n, mei - ne La-kai-en.
p

84
Marsch.
Wol-len ihn nicht her-ein las-sen, sa-gen, daß ich schlaf! Sehr bra-ve
pp
p
p
(der Lärm in der Garderobe wird immer größer)
85
Marsch.
Ker-l'n!
cresc.
f
f
ff
86
(aufhorchend)
Marsch.
Die Stimm'!
ff
pp
87
Marsch.
Das ist ja gar nicht die Stimm' vom Feld-mar-schall!
p
f
p

(lustig)
Marsch.
Sie sa-gen Herr Ba-ron zu ihm. Das ist ein Frem - der. Quin-quin,
mf
cresc.
f
Ped.
88
ritard.
rasches Walzertempo. (Sie lacht)
— es ist ein Be - such.
Fahr Er schnell in sei-ne Klei-der, a-ber
𝅗𝅥. = 52.
Vivo.
p ritard.
dim.
pp
bleib Er ver - steckt, daß die La-kai - en ihn nicht sehn.
89
Die blö - de,
p
pp
gro - ße Stimm' müß-te ich doch ken - nen. Wer ist denn das? Herr-gott,
p
f

90
Marsch.
das ist ja der Ochs, das ist mein Vet-ter, der Ler-chenau, der Ochs aus
sfz
sfz
p
f
91
(sie muß lachen)
Marsch.
Ler - che-nau. Was will denn der? Je - sus, Ma - ri - a! Quin-quin,
p
f
92
(sie geht ein paar Schritte nach links hinüber)
Marsch.
hört Er? Quin-quin, er - in - nert Er sich nicht? Vor
p
Marsch.
fünf sechs Ta-gen den Brief Wir sind im Wa - gen ge-ses-sen, und ei - nen
pp
3

93
Marsch.
Brief ha-ben sie mir an den Wa - gen-schlag ge-bracht. Das war der Brief
pp
94
(lacht)
vom Ochs. Und ich hab kei-ne Ah - nung, was drin ge-stan den ist. Da-ran ist
pp
mf
Er al - lein schul-dig, Quin - quin!
Stimme des Haushofmeisters.
(draußen geprochen) Belieben Euer Gnaden in der Galerie zu warten!
Stimme des Barons.
a tempo
(draußen) Wo hat er sei-ne Ma-nie-ren ge-lernt?
p
pp
a tempo
p

95
Marsch.
Quin-quin, was treibt Er denn? Wo
Baron.
Der Ba - ron Ler-che-nau an-ti-cham-briert nicht.
p
Marsch.
steckt Er denn?
96
Octavian.
(in einem Frauenrock und Jäckchen, das Haar mit einem
Be-fehl'n fürst-li' Gna -
pp
Schnupftuch und einem Bande wie in einem Häubchen, tritt hervor und knixt)
Oct.
d'n, i' bin halt noch nit recht lang in fürst - li'n Dienst.
97
Marschallin.
Du, Schatz
Und nicht ein-mal mehr als ein
pp

98
(sie küßt ihn schnell)
Marsch.
Bus - serl kann ich Dir ge - ben.
molto espress.
pp
p
p
99
(Neuer Lärm draußen)
Marsch.
Er bricht mir ja die Tür ein, der Herr Vet - ter.
100
Mach Er, daß Er hin-
f
p
cresc.
f
Marsch.
aus komm! Schlief Er frech durch die La - kai - en durch. Er ist ein blitz - ge - scheid-ter Lump!
p
pp
p
(Octavian geht schnell gegen die kleine Tür und will hinaus)
101
Marsch.
Und komm Er wie-der, Schatz. A-ber in Manns - klei-dern und durch die vor-dre Tür,
pp
p
cresc.

(Im gleichen Augenblicke wird die Türe aufgerissen und Baron Ochs, den die Lakaien vergeblich abzuhalten suchen, tritt ein.)

(Die Marschallin setzt sich mit dem Rücken gegen die Tür und beginnt ihre Chocolade zu trinken.)

Langsam und gravitätisch.
Marsch.
wenn's Ihm be - liebt.
Baron. (mit Grandezza zu den Lakaien)
Lento pesante.
Selbstver-ständlich empfängt mich Ih - ro
ff
p

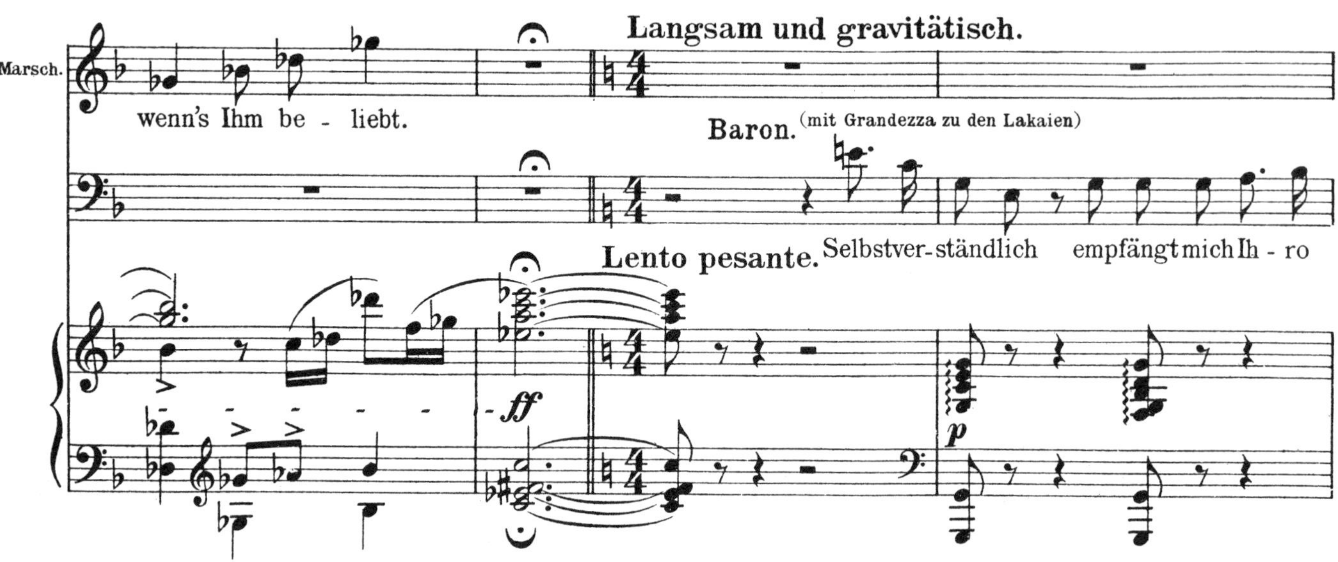

(Octavian, der mit gesenktem Kopf rasch entwischen wollte, stößt mit ihm zusammen, dann drückt er sich verlegen an die Wand links an der Türe. Drei Lakaien sind gleichzeitig mit dem Baron eingetreten, stehen ratlos.)

(Er geht nach vorne, die Lakaien zu seiner Linken suchen ihm den Weg zu vertreten.)

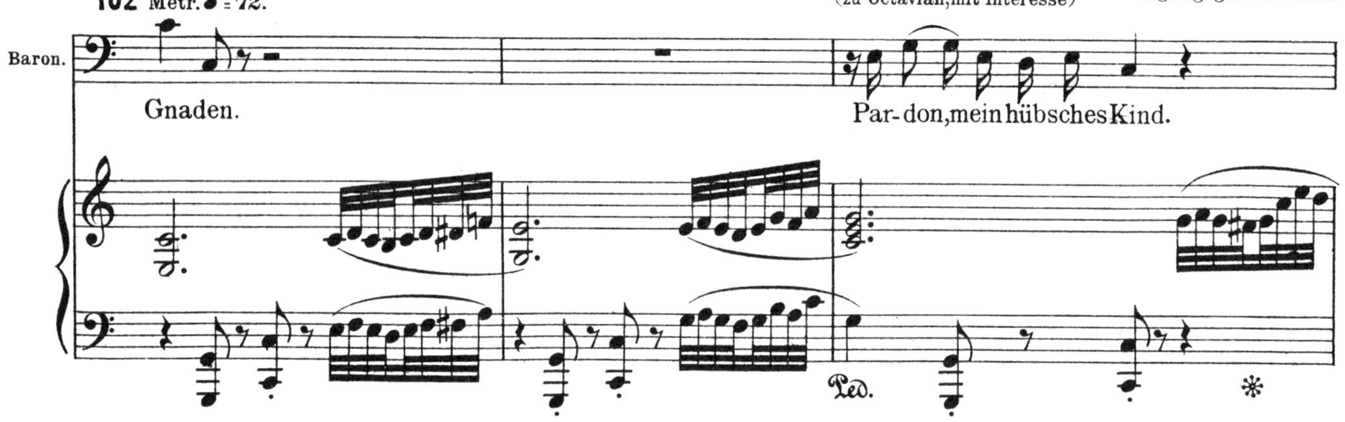

102 Metr. ♩ = 72.
(zu Octavian, mit Interesse)
(Octavian dreht sich verlegen gegen die Wand.)
Baron.
Gnaden.
Par-don, mein hübsches Kind.
Ped.
*

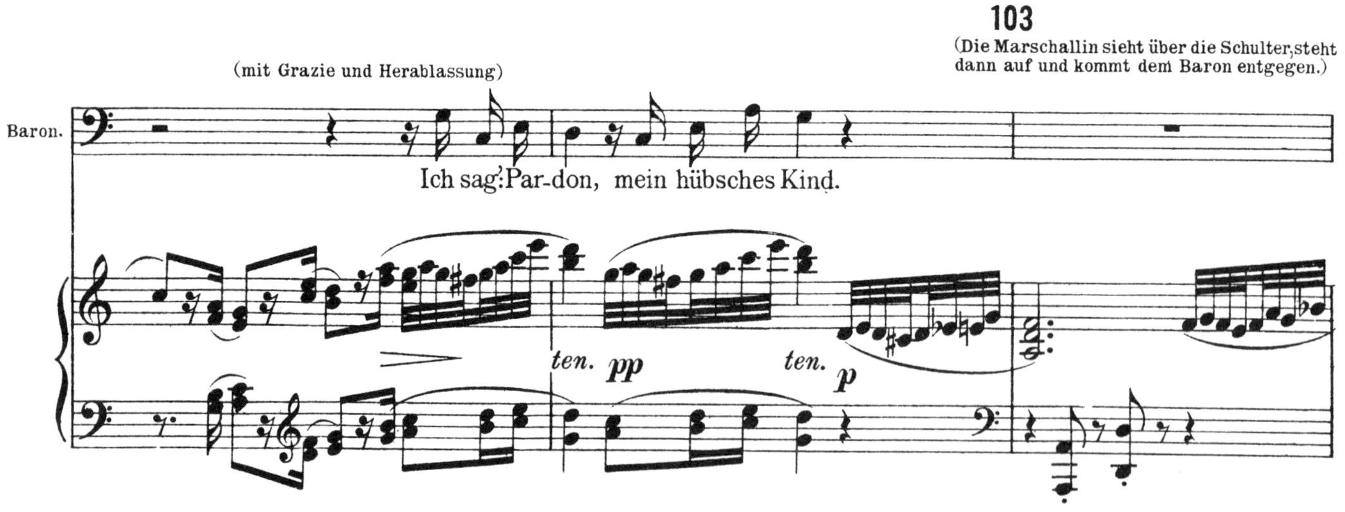

103
(Die Marschallin sieht über die Schulter, steht dann auf und kommt dem Baron entgegen.)
(mit Grazie und Herablassung)
Baron.
Ich sag: Par-don, mein hübsches Kind.
ten. pp
ten. p

(galant zu Octavian)
Baron.
Ich hab' Ihr doch nicht ernst - lich weh getan?
Die Lakaien.
(Die Lakaien zupfen den Baron)
(leise)
Ihre fürstlichen
dim.
pp
104 noch etwas gemessener.
Marschallin.
(Baron macht die französische Reverenz mit zwei Wiederholungen.)
Eu - er
Lakaien.
Gnaden!
Ancora più lento. ♩= 68.
pp
p
Marsch.
Liebden se - hen vor - trefflich aus.
(zu den Lakaien)
Baron.
(verneigt sich nochmals)
Sieht Er jetzt wohl, daß Ih-re Gnaden entzückt ist, mich zu
p
pp

105
(Baron auf die Marschallin zu, mit weltmännischer Leichtigkeit, indem er ihr die Hand reicht und sie vorführt.)
(ruhig)
alles parlando (mezza voce)
Baron.
sehn. Und wie soll-ten Eu-er Gnaden nicht. Was tut die frü-he
p
pp
Baron.
Stun-de un-ter Per-so-nen von Stand? Hab' ich nicht sei-ner-zeit wahr-haf-tig Tag
espr.
106
Baron.
für Tag uns-rer Für-stin Bri-o-che mei-ne Aufwar-tung gemacht, da sie im
p
pp
colla parte
Baron.
Bad ge-ses-sen ist, mit nichts als ei-nem klei-nen Wandschirm zwischen ihr und
pp

(Octavian ist an der Wand gegen den Alkoven hin
(auf einen Wink der Marschallin haben die Lakaien

geschlichen, macht sich möglichst unsichtbar beim Bett zu schaffen)
ein kleines Sopha und einen Armstuhl nach vorne getragen und sind dann abgegangen)

(setzt sich auf das Sopha, nachdem sie dem Baron den Platz auf dem Armstuhl angeboten hat)

tempo primo

(aufstehend, ihm zeremoniös aufs neue seinen Platz anbietend)

109 acceler.

Marsch.

(versucht sich zu setzen, äußerst occupiert von der Anwesenheit der hübschen Kammerzofe)

Ich bin auch

Baron (für sich)

Ein hübsches Ding! Ein gu - - tes, sau - bres Kinderl!

acceler.

pp

p

tempo primo ♩= 84

(Baron setzt sich zögernd und bemüht sich, der hübschen Zofe nicht völlig den Rücken zu kehren)

Marsch.

jetzt noch nicht ganz wohl, der Herr Vetter wird darum vielleicht

Marsch.

die Gna - de haben

110

Meine Kammerzo-fe, ein junges Ding vom Lande.

Baron.

(Er dreht sich um, um Octavian zu sehen)

Na-tür-lich.

espr.

poco più mosso
Marsch.
Ich muß fürchten, sie in-commodiert Eu-er Lieb - den.
Baron.
Ganz al-lerliebst! Wie?
poco più mosso
pp
p
(Baron winkt Octavian mit der Hand, dann zur Marschallin)
wieder
Nicht im Ge-ring - sten! Mich? Im Ge genteil. Eu-er
più
ten.
111
ruhiger
acceler.
Marschallin.
Als
(sieht sich um)
Gnaden werden vielleicht ver - wun - dert sein, daß ich als Bräutigam indess inzwischen-
tranquillo
espr.
acceler.

tempo primo
112
wieder lebhafter
più moto
(erleichtert)
Marsch.
Bräu - ti - gam?
Der Brief, na-türlich,
Baron.
(für sich)
Ja, wie Eu - er Gnaden denn doch aus mei-nem Brief ge - nug-sam- ein
tempo primo
l. H.
pp
wieder lebhafter ♩=96
più moto
p
f
Marsch.
ja der Brief, wer ist denn nur die Glückli - che, ich hab' den Namen auf der Zun-ge.
Baron.
Gras - aff, ap-pe - tit - lich, kei-ne fünf - zehn Jahr.
pp
più animato
Marsch.
Wer ist nur schnell die Braut!?
Baron.
(nach rückwärts)
Wie? Pudel-jung! Ge-sund! Ge-waschen! Al - lerliebst! Das Fräulein
più animato
mf
espr
espr.
ten.
pp

113 tempo primo (mit leichtem Unmut)

Baron. Fa - - ni - nal. Ha-be Eu-er Gna-den den Na-men nicht ver-heim - licht.

p

Marschallin. poco animato

Natürlich! Wo hab'ich meinen Kopf?! Blos die Fa-mi - li. Sinds kei-ne Hie-si-gen?

Baron. Ja-

poco animato

p *pp*

114 (mit Nachdruck) tempo primo (leicht) *p*

(Octavian macht sich mit dem Servierbrett zu tun, wodurch er mehr hinter den Rücken des Barons kommt)

Baron. wohl, Euer Gnaden, es sind Hie - si-ge. Ein durch die Gna - de Ih-rer Ma-je-stät Ge-

p *mf* *dim.*

Baron. a - del-ter. Er hat die Lie-fe-rung für die Ar - mee, die in den Nie-der-landen steht.

p *espr.*

(Marschallin bedeutet Octavian ungeduldig mit den Augen, er soll sich fortmachen)
(mißversteht der Marschallin Miene vollständig)
115
Baron.
Ich seh, Euer Gnaden runzeln Dero schöne Stirn ob der Mesalliance.
pp
Allein, daß ich es sage, das Mädchen ist für einen Engel hübsch genug.
p
116
p
(stärker)
Kommt frischwegs aus dem Kloster. Ist das einzige Kind, dem Mann gehören
dim.
pp
zwölf Häuser auf der Wied'n, nebst dem Palais am Hof, und seine Ge-
3

Marschallin.
Mein lieber Vet-ter, ich capier schon, wie viel's geschlagen hat.
(schmunzelnd)
Baron.
sund - heit soll nicht die be - ste sein.
p
pp
espr.
(Marschallin winkt Octavian, den Rückzug zu nehmen)
Ancora più tranquillo (sempre colla parte)
117
Baron.
Und mit Ver-laub, fürstli-che Gnaden, ich dünke mir, guts a - de-li-ges Blut ge-nug im
p
Baron.
Leib zu ha - ben für ih-rer Zwei; man bleibt doch schließlich, was man ist, cor-po di bacco! Den
mf
118
Baron.
Vortritt, wo er ihr ge-bührt, wird man der Frau Ge - mahlin noch zu verschaffen wissen, und was die
p

Baron.
Kin-der anlangt, wenn sie de-nen den gold-nen Schlüssel nicht con-ce-die-ren wer-den Va
pp
119
Baron.
be- -ne! Sie wer-den sich mit den zwölf ei-ser-nen Schlüs-seln zu den
p
Marschallin.
Ge-wiß! O si-cher-lich, dem
Baron.
zwölf Häu- -sern auf der Wied'n zu ge-trö- -sten wissen.
pp
(Octavian will mit dem Servierbrett rückwärts zur Türe hin)
Marsch.
Vet-ter sei-ne Kin-der, die wer-den kei-ne Don Qui- -chot-ten.
Baron.
Wa-rum hi-
Molto Allegro. 𝅗𝅥. = 60
p

(Octavian steht unschlüssig, das Gesicht abgewendet)
Baron.
naus die Cho-co-la - - - de!? Ge-ruhen nur! Da! Pst, pst, wie-
pp
Marschallin.
120
Fort, geh' sie nur!
Baron.
so denn! Wenn ich Eu-er Gnaden ge-ste - he,
p
3
(resigniert)
121
Marsch.
Marian - del, komm sie her. Ser-vier sie Seiner
Baron.
daß ich so gut wie nüch - tern bin.
p
3
pp

(Octavian kommt, serviert, Baron nimmt eine Tasse, bedient sich)
Marsch.
Lieb-den.
Baron.
So gut wie nüch - tern, Eu-er Gna - den.
p
122
Sitz im Reise - wa-gen seit fünf Uhr Früh, (recht ein ge - stelltes Ding! Bleib Sie
(zu Octavian)
p
pp
nicht eilen!
non stringendo!
(zur Marschallin)
(laut)
123
hier mein Herz. Ich hab' Ihr was zu sa - gen.) Mei-ne gan - ze Li -
f subito
p
(Er frißt)
vree, Stall - pa-gen, Jä - - ger, al - les Al-les
f

Marschallin.
(zu Octavian)
124
Geh Sie nur.
Baron.
un - - ten im Hof zu - sammt meinem Al - mo - se - nier
(zu Octavian)
Hat Sie noch ein Bis - ko - terl? Bleib Sie doch.
(leise)
(Sie ist ein sü - ßer En - gel, Schatz, ein sau-be-rer)
(zur Marschallin)
125
sind auf dem We - ge zum „Weißen Rose" wo wir lo - gieren, heißt bis ü - ber-morgen
(halblaut zu Octavian)
(Ich gäb was schönes drum, mit Ihr)
(zur Marschallin, sehr laut)
bis ü - bermorgen
(schnell zu Octavian)
(un-ter vier
fp
dim.
pp
ppp
f
p

(Marschallin muß lachen über Octavians freches Komödienspiel)
(zur Marschallin)
126
un poco ritenente
Baron.
Au - gen zu scharmu - tzie - ren! Wie?) Dann
ziehen wir ins Pa -
pp
f
p
127 a tempo molto
lais von Fa - ni - nal. Na - tür - lich muß ich vor - her den Bräu -
pp
(wütend zu Octavian)
128
- ti - gams - auf - - füh - rer will Sie denn nicht war - ten? an die wohl - ge - bor -
pp
fp
129
- ne Jungfer Braut de - pu - tie - ren, der die Sil - ber - ro - se ü - ber - bringt
pp

Baron.
— nach der hoch - - a - de - li - gen Ge - pflo - - - - gen -
pp
Tempo come prima (molto tranquillo con gravita)
Marschallin.
Und wen — von der Ver - wandtschaft ha - ben Eu - er Lieb - den für die - ses
Baron.
heit.
Metr. ♩=76
p
pp
Marsch.
Ehrenamt aus - - er - sehn?
130
Baron.
Die Be - gier - de, da - rüber Eu - er Gna - - den
Baron.
Ratschlag ein - - zu - ho - len, hat mich so kühn gemacht, in Reise - kleidern bei De - ro
dim.
pp

Marschallin.

Von mir?

Baron.

heu-ti-gem Le-ver gemäß brief-lich in al-ler De-vo-

Baron.

131

tion ge-ta-ner Bit-te. Ich bin doch nicht so un-glücklich, mit die-ser de-

cresc.

Marschallin.

Wie denn, na-tür-lich! Ei-nen

Baron.

(lehnt sich zurück, zu Octavian)

vo-te-sten Sup-plik De-ro Miß-fal-len

p

Marsch.

Auf-füh-rer für Eu-er Lieb-den er-sten Bräu-ti-gams-be-such

Baron.

pp

Sie könn-te aus mir ma-chen, was Sie woll-te.

pp

Marsch.
Baron.
aus der Ver-wandtschaft wen denn nur? den Vet-ter Preysing? Wie? Den Vetter
Sie hat das Zeug da-zu!
pp
p
132
Lam-bert? Ich wer-de
Dies liegt in Eu-er Gna - den al-ler-schön-sten
(Nicht eilen)
p
Ganz gut. Will Er mit mir zu A - bend es - sen, Vet - ter?
Hän - den.
ten.

133
Marsch.
Sagen wir mor-gen, will Er? Dann pro-po - nier' ich Ihm ei-nen.
Baron.
Eu-er
p
(will aufstehen)
accelerando
(für sich)
Indeß....
O-ho!
(halblaut)
Gnaden sind die Herab-lassung sel - ber.
Daß Sie mir wiederkommt! Ich geh nicht e-her fort!
pp
(laut)
Bleib Sie nur da!
Kann ich dem Vet-ter
für jetzt noch dien - lich sein?
Ich
poco calando
fp
Ped.

134 tempo primo
Baron.
schäme mich bereits: an Euer Gna-den No - ta - ri ei - ne Re - kommanda - tion wä - re mir
pp
p
Marschallin.
Mein No - ta - ri kommt öf - ters des Morgens.
Baron.
lieb. Es handelt sich um den Eh - vertrag.
p
pp
Schnelles Walzertempo
Marsch.
Schau Sie doch, Ma - rian - del, ob er nicht in der An - ti - cham - bre ist und
Con moto assai
135
Marsch.
war - tet.
Baron.
Wo - zu das Kammer - zo - fel? Eu - er Gnaden be - raubt sich der Be - die - nung um
p

Marsch.
Laß Er doch, Vetter, sie mag ru - hig gehn.
(lebhaft)
(hält sie auf)
Baron.
meinet-wil-len.
Das
mf
pp
136
geb ich nicht zu. Bleib Sie hier zu Ih-rer Gna - den Wink. Es kommt gleich wer von der Liv-
sfz
f
p
sfz
mf
etwas ruhig beginnend
(poco tranquillo da prima)
(wiegend)
137
ree herein.
Ich ließ ein sol - ches Goldkind,
p
f
p
(streichelt sie)
meiner Seel, nicht un-ter das in - fa - me La - kai-en-volk.
pp
p

138
Marschallin. (Der Haushofmeister tritt ein.)
Eu-er Lieb-den sind all-zu-besorgt.
Baron.
Da, hab ich's nicht ge-sagt?
pp
cresc.
f
p
139
(zum Haushofmeister)
Marsch.
Stru-han, hab ich meinen No-
Baron.
Er wird Eu-er Gna-den zu mel- - - den ha - ben.
stacc.
pp
140
Marsch.
ta-ri in der Vor-kammer war - ten?
Haushofmeister.
Fürst-li-che Gnaden ha-ben den No - ta - ri,
p

141
Haus-
hofm.
dann den Ver - wal-ter, dann den Kuchelchef, dann von Ex-cel-lenz
p
pp
mf
p
mf
Haus-
hofm.
Sil - va her geschickt, ein Sän - ger mit einem Flö - ti - sten.
3
mf
tr
p
poco f
p
(Der Baron hat seinen Stuhl hinter den breiten Rücken des Haushofmeisters geschoben, ergreift zärtlich die Hand der vermeintlichen Zofe.)
(trocken)
142
Haus-
hofm.
An - son - sten das ge - wöhn-li-che Ba - ga - gi.
sfz
p
sfz
G. P.
143 Baron: (zu Octavian)
Hat Sie schon ein-mal mit ei-nem Ka-va - lier im tête à
𝅗𝅥. =56
pp

144
(Octavian tut sehr verlegen)
Baron.
tête zu A-bend ge - ges - sen? Nein? Da wird Sie
fp
(Marschallin, dem Haushofmeister unaufmerksam zuhörend, beobachtet die Beiden,
Octavian. (leise verschämt)
I weiß halt nit, ob i dös
Baron.
Augen machen. Will Sie?
dim.
pp
fp
pp
145
(Der Haushofmeister verneigt sich, tritt zurück, wodurch die Gruppe für den Blick der Marschallin frei wird.)
muß leise lachen.)
Oct.
derf.
pp
p
fp
stacc.
mf
(Der Baron setzt sich möglichst unbefangen zurecht.)
Marschallin. (lachend zum Haushofmeister)
Warten las-sen.
(Haushofmeister ab)
pp
vivo

146
(lachend)
Marsch.
Der Vet - ter ist, ich seh es,
p
kein Kost-verächter.
Baron. (erleichtert)
pp
147
(aufatmend)
Mit Eu-er Gna-den ist man frei da-ran.
(er küßt der Marschallin die Hand)
Baron.
Da gibts kei-ne Flau - sen und kei-ne E - ti - quet - te und kei - ne
mf
poco allargando
148
a tempo
Marschallin. (amüsiert)
A-ber wo Er doch ein Bräut'gam ist?
spa-ni - sche Tu - e - rei.
dim.
G.P.

Presto.
(halb aufstehend, ihr genähert)
Baron.
Macht das ei-nen lahmen E - sel aus mir? Bin ich da nicht
Metr. ♩. = 144
ff stacc.
p
149 (stets in sehr leichtem Parlandoton)
Baron.
wie ein gu - ter Hund auf ei-ner gu - ten Fähr - te? Und doppelt scharf auf
pp
Marschallin:
150
Ich se - - he, Eu-er
Baron.
je - des Wild, nach links nach rechts?
p
p
Marsch.
Lieb - den be-trei - - - - ben es als Pro - fes - sion.
p
(ganz aufstehend)
Baron.
Das will ich
5 4 3

151
Baron.
mei - nen. Wüßte nicht, welche mir besser be - ha - - gen könnte.
pp
sfz
152
Ich muß Eu-er Gna-den sehr be - dauern, daß Eu-er Gna-den nur wie drück ich mich
p
pp
153
aus die ver - tei - di-gen-den Er - fah - rungen be - sit - zen. Parole d'hon-
f
neur! Es geht nichts ü - ber die von der an - de-ren
pp

154 Marschallin (lacht)
Ich glau-be Ihm, daß die sehr man-nig-
Baron.
Sei-te.
p
pp
Marsch.
fal-tig sind.
155
Baron.
So viel Zeiten das Jahr, so viel Stun-den der Tag, da ist keine
p
Marsch.
Kei-ne?
wo nicht?
156
Baron.
wo nicht
wo nicht dem Knaben Cu-pi-
p
pp
p
pp
pp

(immer sehr schnell und deutlich)
sempre molto mosso
Baron.
do ein Ge-schen - kerl ab-zu-li - sten wär.
Dafür ist man kein Au-er-hahn und kein
p
pp
157
Hirsch, sondern ist man Herr der Schö - pfung, daß man nicht nach dem Ka-len - der for-
p
f
p
158
ciert ist, hal-ten zu Gna - den!
Zum E-xempel der Mai ist recht lieb für's ver-
mf
fp
159
lieb - te Ge-schäft, das weiß je-des Kind, a-ber ich sa- -ge:
poco f
dim.
pp

Baron.
Schö-ner ist Ju-ni, Ju-li, Au-gust. Da hat's Näch-te.
160
161
Da ist bei uns da
dro-ben so ein Zu-zug von jun-gen Mäg-den aus dem Böh-mischen her-
162
ü-ber: Ihrer zwei-e, drei-e halt ich oft bis im No-vem-ber mir im
fp
p
mf
pp
ff
espr.

Baron
f
163
Haus. Dann erst schick' ich sie heim. Zur Ern - te kom-men sie und sind auch an-
f
mf
espr.
espr.
dim.
(schmunzelnd)
164
Baron
son- sten an - - stel-lig und gut _ dann erst schick' ich sie heim! _ Und wie sich das
espr.
pp
ppp
p
f
poco allarg.
Baron
mischt, das jun - ge, run-de böhmische Völ - kel, schwer und süß,
mf
p
pp
tempo primo.
165
poco ritenuto
Baron
mit de-nen im Wald, und denen im Stall dem deut - - schen Schlag, scharf und
pp
f
p

tempo primo
166
Baron
herb wie ein Retzer Wein_wie sich das mi-schen tut! Und ü-ber-all steht_
p
pp
Baron
_was und lau-ert und schielt_durch den Gattern, und schleicht_zu ein-
pp
p
espr.
Ped.
167
Baron
an-der, und liegt_bei ei-nan-der, und ü-ber-all singt was und
mf
pp
p
168
Baron
schupft sich in den Hüf-ten, und melkt was und mäht was und plantscht,_und
p
pp

Marschallin.
169
(sehr amüsiert)
Und Er ist ü - ber - all da - hin - ter her?
Baron
pläten - schert was im Bach und in der Pfer - de - schwemm.
p
Marsch.
etwas breit
un poco ritenente
Wollt, ich könnt
cresc.
ff
170
sein wie Ju - pi - ter, se - lig in tau - send Ge - stal - ten!
tempo primo, molto
Wär Verwendung für
f
p
cresc.
allegro
Marschallin.
171
Wie, auch für den Stier?
So grob
je - de.
f
p
ff derb

172
Marsch.
will Er sein?
O - der möcht Er die Wol - - ken
173
spie - len und da - her ge - säu - - - - selt kom - men
174
als ein Strei - ferl nas - se Luft?
Baron.
(sehr munter)
Je nach - dem, all's je nach -
Baron
dem.
Das Frau - en - zim - mer hat gar vie - ler - lei Ar - ten,

175
Baron
wie es will ge - nom - men sein.
Da ist die de - mü - ti - ge Magd. Und da:
176
die trot - zi - ge Teu - fels - kre - a - tur,
177
haut dir die schwere Stalltür an den Schädel
Und da ist die
ki - chernd und schluchzend den Kopf ver - liert
die hab ich gern und
dim.

178 un poco ritenuto
Baron
je-ner wie-der, der sitzt im Au - ge ein kal - ter, rech-nen-der Sa - tan.
mf
pp
espr.
tempo primo
Baron
A - ber es kommt ei - ne Stun - de, da flackert die - ses lau - ern - de
179
pp
Baron
Au - ge und der Sa - tan, indem er er - ster - ben - de Blik - ke da -
p espr.
180
poco allarg.
Marschallin.
tempo primo
Er
(mit Gusto)
Baron
zwischen schießt, der würzt mir die Mahlzeit un - ver - gleich - lich.
fp
f
p

181
Marsch.
selber ist ei - ner, meiner Seel'!
Baron
Und wär ei - ne — haben die Gnad', — die kei-ner
pp
p
Baron
an - schaut: im schmutzigen Kit - tel schlumpt sie her, hockt in der A - sche hin-term
182
Baron
Herd — die, wo du sie an-gehst zum rich - ti-gen Stündl —
pp
p
183 poco piú tranquillo ♩. = 120
Baron
die — hat's in sich! Ein sol-ches Stau-nen — gar nicht be-grei - fen
poco calando
espr.
espr.
pp

184
Baron
kön - nen und Angst und Scham;
und auf die letzt so
espr.
espr.
espr.
Baron
ei - ne ra - sen - de Se - lig - keit,
185
daß sich der Herr,
espr.
espr.
pp
cresc.
Baron
der gnä - di - ge Herr
186
he - rab - ge - las - sen gar zu ih - rer
pp
p
Marschallin.
tempo primo (molto allegro).
= 144
Er weiß mehr als das A - B - C!
Baron
Nie - drig - keit.
Da gibt es wel - che, die wollen be - schlichen sein,
tempo primo (molto allegro).
= 144
pp
pp

187
(alles nur in halblaut vertraulichem Ton)
Baron
sanft, wie der Wind das frisch-ge-mäh-te Heu be-schleicht.
pp
p
(stark)
188
Und welche da gilt's, wie ein Luchs hinterm
f
p
Rücken her-an, und den Melkstuhl gepackt, daß sie tau-melt und hin-schlägt.
p stacc.
senza cresc.
fp
ff
189
190
f
dim.
p
Muß halt ein Heu
ff
ffp
pp

Baron
tempo primo (Presto).
(Octavian platzt lachend heraus)
Marschallin.
(behäbig schmunzelnd)
Nein Er a-girt mir
(frei)
Baron
in der Nä-he da-bei sein.
tempo primo (Presto).
pp
p
191
Marsch.
gar zu gut! Laß Er mir doch das Kind.
Octavian. (sofort wieder in seiner Rolle)
Na, zu dem
(sehr ungeniert zu Octavian)
Baron.
Weiß mich ins eng - - ste Ver - steck zu be-
pp

Marsch.
Oct.
Baron.
Nein, Er a-giert mir gar zu gut! Er ist ein Rech - - - ter!
mf
Herrn, da ging i net, da hätt' i an Re-spect, da hätt' i an Re-
p
que - men, weiß im Al - - ko - - ven ga-lant mich zu be-neh - men.
sempre pp
192
mf
Er ist der Wah - - - re! Laß Er mir doch das Kind.
f
f
p
spect, na was mir da pas-sie-ren könnt, da wir i gar zu g'schreckt. I
f
Hät-te Verwendung für tau-send Ge-stal - - - ten, tausend Jung -
cresc.
fp

Marsch.
Oct.
Baron.
Er ist ganz wie die an-dern drei-vier-tel sind. Wie ich
waß net, was er meint, i waß net, was er will. A-ber was
— fern fest-zu-hal - - - - ten. Wä - - re mir
Marsch.
Oct.
Baron
Ihn so se - he, so seh ich hübsch vie - le. Das sind halt die Spie - le,
z'viel is, das ist zu-viel. Na was mir da pas-sie-ren könnt. A-ber was
kei - - ne zu jun - - ge zu her - be, kei - - ne zu

193
cresc.
Marsch.
die euch con-ve - nie-ren!
Und wir, Herr Gott!
Oct.
z'viel is ist zu - viel, na was mir da pas-sie-ren könnt.
Das is ja net zum
cresc.
Baron
nie - - dri-ge, kei - - ne zu der - be, kei - ne zu her - be und
cresc.
f
Wir lei - - - den den Scha - den, wir lei-den den
f
sa - gen, zu so an Herrn da ging i
f
kei - ne zu der - be. Tät mich für kei - - - nem Ver-steck nicht
f

Marsch.
Spott, und wir ha - bens halt auch net an - ders ver -
Oct.
ff
net, mir tats die Red' ver-schla - gen. Da
Baron.
schä - men, seh ich was Lieb's, ich muß mir's neh - men.
194
(mit gespielter Strenge)
Marsch.
ff
dient. Und jetzt sa-ker-lott,
(zur Marschallin)
Oct.
tät sich un-ser-eins mut - wil - lig scha - - den. Ich hab sol-che
Baron.
ff
Tät mich für kei - - nem Ver-steck nicht schä - - men, seh ich was
ff

195
Marsch.
und jetzt sa-ker-lott, jetzt laß Er das Kind!
Oct.
Angst vor ihm, fürst-li-che Gna-den.
(nimmt wieder
Baron
Lieb's: ich muß, ich muß mir's neh-men.
f
dim.
würdevolle Haltung an)
Baron
Ge-ben mir Eu-er Gna-den den Gras-saff' da zu mei-ner
p
marc.
196
Marschallin.
Wie, mei-ne Klei-ne da?
Baron
künft-gen Frau Ge-mah-lin Be-die-nung.
pp

Marsch.
Was soll-te die? Die Fräu-lein Braut wird schon ver-
Marsch.
197
se-hen sein und nicht an-stehn auf Eu-er Lieb-den Aus-wahl.
mf
dimin.
Baron.
Das ist ein fei-nes Ding! Kreuz-sa-ker-lott! Da ist ein Tropf gu-tes
pp
cresc.
198
Marschallin.
Eu-er Liebden ha-ben ein schar-fes Au-ge!
Octavian. (für sich)
p
Ein Tropf gu-tes Blut!
Baron
Blut da-bei. Ge-
dim.
pp

199
(vertraulich)
Baron
ziemt sich. Find in der Ord-nung, daß Per - so - nen von Stand in sol-cher Wei - se von
stacc.
Baron
a - de - li - gem Blut__ be - die - - net wer - den. Führ' selbst ein Kind mei-ner
200
p
sempre pp
Marschallin.
(stets sehr belustigt zuhörend, für sich)
Wie? Gar ein Mä - del? Das will ich nicht hof - fen!
Octavian.
Ein Kind sei-ner Lau - ne?
Baron
Lau - ne mit mir___

201
Marsch.
Oct.
Baron
(stark)
Ei-nen Sohn!
Ei-nen Sohn!
Nein, ei-nen Sohn. Trägt lerche-nauisches Ge-prä-ge im Ge-sicht. Halt ihn als
pp
(lachend)
Als Leib-la-kai!
Als Leib-la-kai!
Leib-la-kai. Wenn Eu-er Gna-den dann werden be-feh-len, daß ich die
202
(nicht eilen)
sil-ber-ne Ro-se darf De-ro Hän-den ü-ber-ge-ben, wird er es
cresc.

Marschallin.
203
(Octavian winkend)
Soll mich recht freun. A-ber wart Er ein - mal. Ma-rian-del!
Baron
sein, der sie he-rauf bringt. Ge-ben mir Eu - er
stacc.
dim.
p
pp
Marsch.
204
Ei! geh sie nur und bring sie das Me - dail-
Baron
Gna - den das Zo - fel! Ich laß nicht lok-ker!
stacc.
p
pp
Marsch.
(ebenso)
205
lon her. Brings nur schnell. Ich weiß schon, was ich
Octavian. (leise)
The - res, The-res, gib acht!
stacc.

Schnelles Walzertempo. 𝅗𝅥. = 𝅗𝅥. des 6/8 𝅗𝅥. = 60.
L'istesso tempo.
Marsch.
tu'!
Baron (Octavian nachsehend.)
Könnt ei-ne jun-ge Für - stin sein
pp
p
206
Baron
Hab vor, mei - ner Braut ei-ne ge-treu - e Co-
p
pp
207
Baron
pie mei - nes Stammbaums zu spen - die - ren nebst ei-ner Lok-ke vom
pp
(etwas stärker)
Baron
Ahn-herrn Ler-chen-au, der ein gro-ßer Klo - ster-stif-ter war und

208
Baron.
O-berst-erb-land-hof-mei-ster in Kärn-ten und in der win-di-schen
mf
p
(Octavian bringt das Medaillon)
209 Marschallin.
Wol-len Eu-er Gna-den leicht den jun-gen
Baron.
Mark.
poco tranquillo 𝅗𝅥. = 76
dimin.
pp
(Alles in sehr leichtem Conservationston)
Marsch.
Her-ren da als Bräu-ti-gams-auf-füh-rer ha-ben?
Baron.
Baron.
Bin un-
tempo primo
pp

210
Baron.
- ge-schau-ter ein-ver-stan-den.
poco tranquillo
fp
Marschallin (etwas zögernd)
Mein jun-ger Vet-ter, der Graf Oc - ta - vi-an.
pp
Baron (stets sehr verbindlich)
211
Wüß-te kei-nen Vor - neh-me-ren zu wün-schen. Wär in De-vo- -tion
tempo primo.
pp
Marschallin (schnell)
212
(hält ihm das Medaillon hin)
Seh Er ihn an!
Baron.
dem jun-gen Herrn sehr ver - bun-den. Die
𝅗𝅥. = 64
f

Marsch.
Baron.
Ja, ja.
Hat mir
(sieht bald auf das Medaillon, bald auf die Zofe)
Ähn - lichkeit!
Wie aus dem Ge - sicht ge-schnitten!
p
213
(auf das Medaillon deutend)
auch schon Ge - dan - - ken ge-macht. Ro - - fra - no, des Herrn Mar - che - se
Oc - ta - vi - an? Ro - fra - - no! Da
espr.
pp
p
zwei - ter Bru - - der.
214
(mit Beziehung auf die Zofe)
ist man wer, wenn man aus sol - - chem Haus, und wärs auch bei der Do - me -

Marsch.
Baron.
Da-rum halt ich sie auch wie was be - - son-de-res.
sti-ken - tür.
Ge - ziemt sich.
pp
215
Immer um mei-ne Per - son.
Jetzt a-ber geh Sie, Ma - rian - - del,
Sehr wohl.
Wie denn?
pp
(überhört den Baron absichtlich)
(Octavian geht gegen die Flügeltüre rechts)
216
mach' Sie fort.
Und laß Sie die An-ti - cham-bre he-rein!
(ihm nach)
Sie kommt doch wie-der?
Mein schön - stes
mf
f
pp

(In diesem Augenblick tritt eine alte Kammerfrau durch die gleiche Türe ein. Der Baron zieht sich enttäuscht zurück. Zwei Lakaien kommen von rechts herein, bringen einen Wandschirm aus dem Alkoven. Die Marschallin tritt hinter den Wandschirm, die alte Kammerfrau mit ihr. Der Frisirtisch wird vorgeschoben in die Mitte. Lakaien öffnen die Flügeltüren rechts. Es treten ein der Notar, der Küchenchef, hinter diesem ein Küchenjunge, der das Menübuch trägt. Dann die Marchande de Modes, ein Gelehrter mit einem Folianten und der Tierhändler mit winzig kleinen Hunden und einem Äffchen. Valzacchi und Annina hinter diesen rasch gleitend, nehmen den vordersten Platz links ein. Die adelige Mutter mit ihren 3 Töchtern, alle in Trauer, stellen sich in den rechten Flügel. Der Haushofmeister führt den Tenor und den Flötisten nach vorne. Baron rückwärts winkt einen Lakaien zu sich, gibt ihm den Auftrag, zeigt: „Hier durch die Hintertür.")

(Schlägt dem Baron die kleine Tür vor der Nase zu.)

Oct.

I komm glei.

Moderato ♩ = 𝅗𝅥. des 3/4 ♩ = 72.

mf *p* *f*

217

Die 3 Waisen.

(schreiend) *ff*

Drei ar - me, a-de-li-ge

(schreiend) *ff*

Drei ar - me, a-de-li-ge

mf

(Die adelige Mutter bedeutet ihnen, nicht so zu schreien und nieder zu knien)
218
Die 3 Wais.
Wai - - sen
(niederkniend)
Drei ar - me, a-de-li-ge
Wai - - sen
Drei ar - me, a-de-li-ge
Die Marchande de Modes (laut)
219
Le chapeau Pa-mé - - - -
Wai - - sen er - - fle-hen De-ro ho - - hen Schutz!
Wai - - sen er - - fle-hen De-ro ho - - hen Schutz!
♩=80
tr
Die March. d.M.
la. La poudre à la reine de Gol - con - - - - de.
Der Tierhändler.
Schö - ne
tr
tr

220
Tierh.
Af - fen, wenn Durch - - laucht schaf - fen, auch Vö-gel hab' ich da, aus
tr
3
221
mf
Die 3 Waisen.
Der Va - ter ist jung auf dem Fel - de der Eh - re ge -
Der Va - ter ist jung auf dem Fel - de der Eh - re ge -
Tierh.
A - fri - ka.
f
mf
p
♩= 72
222 Die Marchande de modes.
Le chapeau Pa - mé - - -
Die 3 Wais.
fal - len, ihm dieses nach - zu - tun ist un - ser Her - zens - ziel.
fal - len, ihm dieses nach - zu - tun ist un - ser Her - zens - ziel.
Tierh.
♩= 80
Pa - pa - gei - en hätt ich
pp
mf
sfz
sfz
8

223
Die March. d. M.
la! C'est la merveille du mon - - de!
Tierh.
da, aus In - dien und A - fri - ka. Hun - derln so klein,
sfz
pp
stacc.
Hun - derln so klein und schon zimmerrein.
(Die Marschallin tritt hervor, alles
verneigt sich, Baron ist links vorgekommen)
224
Marschallin (zum Baron)
Ich prae - sen - tie - re Eu - er Lieb - den hier den No -
mf
p espr.

(Der Notar tritt mit Verneigung gegen den Frisirtisch, wo sich die Marschallin niedergelassen, zum Baron links. Marschallin winkt die jüngste der 3 Waisen zu sich, läßt sich vom Haushofmeister einen Geldbeutel reichen, gibt ihn dem Mädchen, indem sie es auf die Stirne küßt.)

(Gelehrter will vortreten, seine Folianten überreichen. Valzacchi springt vor, drängt ihn zur Seite.)

227 Marschallin.
Laß Er mich mit dem Tratsch in Ruh!
Valza.
Nackt um drei-e Huhr!
In Gna-den! tu-tte quan-te Ver-
p
pp
Marsch.
Ich will nix wis-sen!
l'istesso tempo
Valza.
trau-li-kei-te aus die gro-ße Welt.
fp
(Valzacchi mit bedauernder Verbeugung springt zurück)
228
Marsch.
Laß Er mich mit dem Tratsch in Ruh!
Metr. ♩=72
f
Die 3 Waisen
(zum Abgehen bereit.)
(Die 3 Waisen zuletzt auch die Mutter, haben der Marschallin die Hand geküßt)
(etwas plärrend)
Glück und Se-gen al-ler-we-gen Eu-er
f
Glück und Se-gen al-ler-we-gen Eu-er
fp
f

Die 3 Wais.
Gnaden ho - hem Sinn! Ein-ge - gra-ben steht er- - ha-ben er in un-serm Her - zen
Gnaden ho - hem Sinn! Ein-ge - gra-ben steht er- - ha-ben er in un-serm Her - zen
fp
pp
p

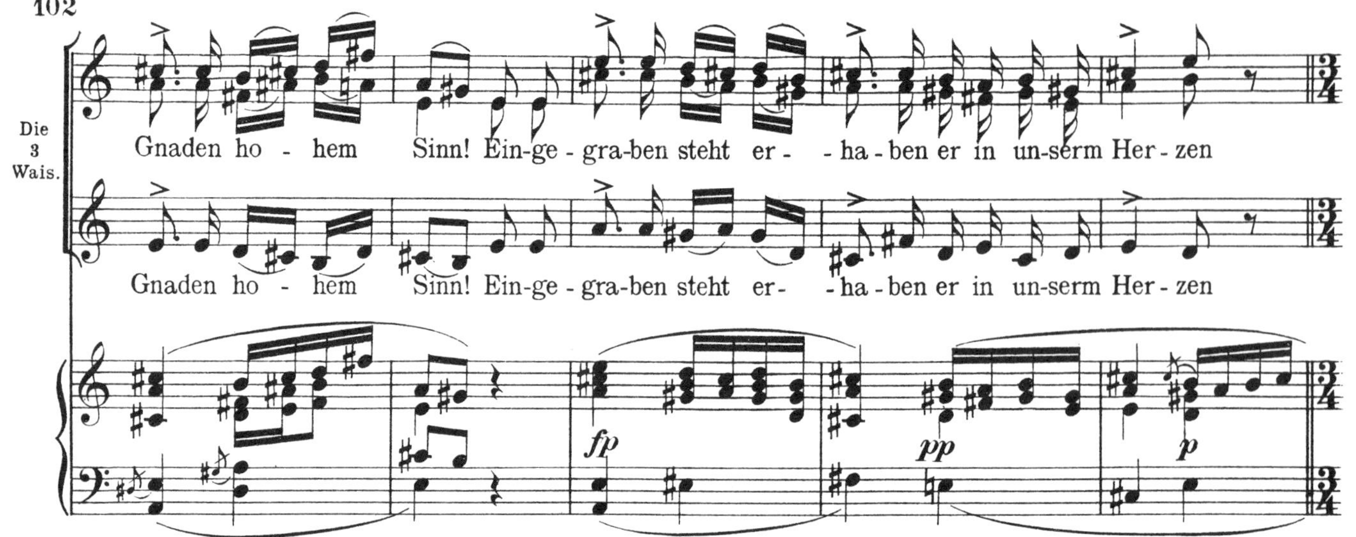

(Der Friseur tritt hastig auf, der Gehilfe stürzt ihm mit fliegenden Rockschößen nach. Der Friseur faßt die Marschallin ins Auge; verdüstert sich, tritt zurück, er studiert ihr heutiges Aussehn. Der Gehilfe packt indessen aus, am Frisirtisch. Der Friseur schiebt einige Personen zurück, sich Spielraum zu schaffen.)

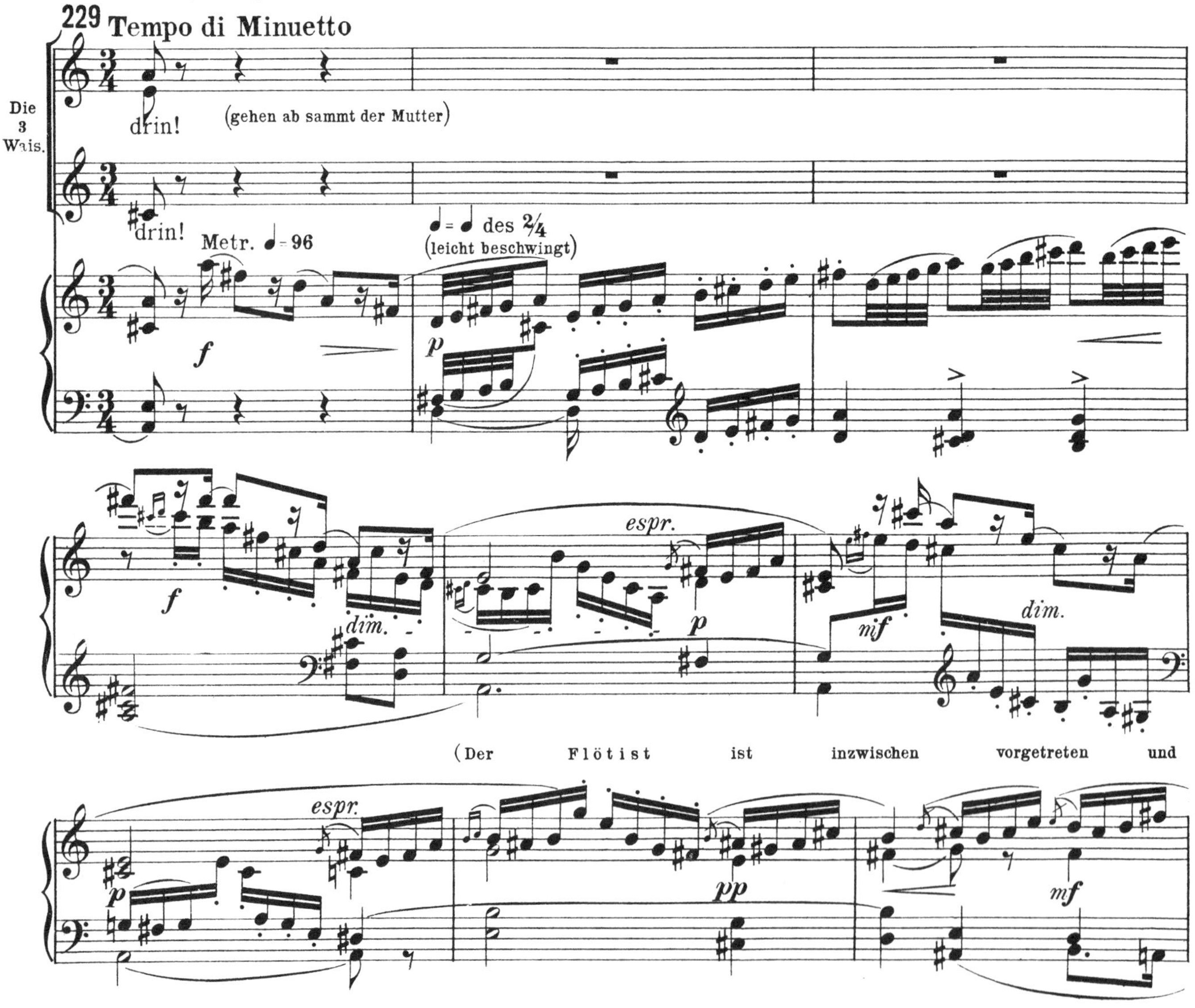

229 Tempo di Minuetto
Die 3 Wais.
drin!
(gehen ab sammt der Mutter)
drin!
Metr. ♩=96
♩=♩ des 2/4
(leicht beschwingt)
f
p
f
dim.
espr.
p
mf
dim.
(Der Flötist ist inzwischen vorgetreten und
espr.
p
pp
mf

beginnt seine Cadenz. Die Lakaien haben rechts ganz vorne Stellung genommen, andere stehen im Hintergrunde.
Nach einer kurzen Überlegung hat der Friseur seinen Plan gefaßt; er eilt mit Entschlossenheit auf die Marschallin zu, beginnt

233
Dasselbe Zeitmaß, etwas getragen Metr. ♩ = 68
(l'istesso tempo, un poco sostenuto)
Der Tenor (mit dem Notenblatt in der Hand)
Di-ri-go - - ri ar-ma-to il se - no con-tro a - mor mi ri-be -
pp espr.
234
Tenor.
llai, ma fui vin-to in un ba - - le - no in mi-rar du - e
mf
pp
235
Tenor.
va-ghi rai. Ma fui vin-to in un ba - - le-no ahi!
p
cresc.
f
236
Tenor.
in mi-rar du-e va - - ghi rai. A-hi! che re - sis - te puo-co a
p espr. molto
pp
dim.
cresc.

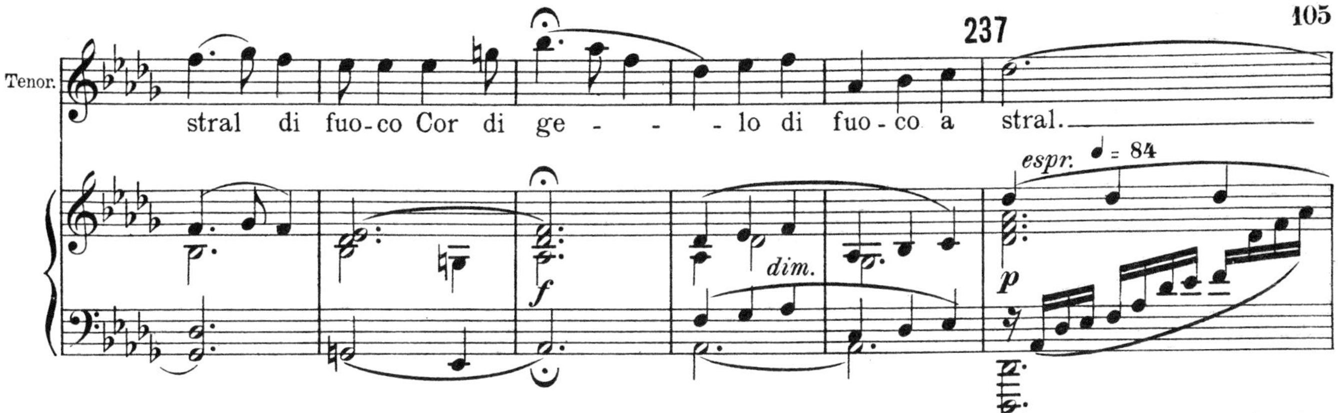

237

Tenor.

stral di fuo-co Cor di ge - - - lo di fuo-co a stral.

espr. ♩= 84

dim.

f

p

(Der Friseur übergibt dem Gehilfen das Eisen und applaudiert dem Sänger,

Tenor.

cresc.

dann fährt er im Arrangement des Lockenbaues fort.)

f

dim.

(Ein Bedienter hat indessen bei der kleinen Tür den Kammerdiener des Barons, den Almosenier und den Jäger eingelassen. Es sind drei bedenkliche Gestalten. Der Kammerdiener ist ein junger großer Lümmel, der dumm und frech aussieht. Er trägt unterm Arm ein Futteral aus rotem Saffian. Der Almosenier ist ein verwilderter Dorfkooperator, ein drei Schuh hoher, aber stark und verwegen aussehender Gnom. Der Leibjäger mag, bevor er in die schlecht sitzende Livree gesteckt wurde, Mist geführt haben. Der Almosenier und der Kammerdiener scheinen sich um den Vortritt zu streiten und steigen einander auf die Füße. Sie steuern längs der linken Seite auf ihren Herrn zu, in dessen Nähe sie Halt machen.)

238 **Etwas breiter und plump.** 𝅗𝅥. = 76

(un poco meno mosso)

(Baron sitzend zum Notar, der vor ihm steht, seine Weisungen entgegennimmt.)

239
con moto
Baron (halblaut)
Als Mor-gen-ga - be, ganz se-pa - ra-tim jedoch — und
mf
fp cantando
p
pp
fp
Baron.
vor der Mit-gift — bin ich ver-stan - den, Herr Notar? — kehrt Schloß und Herr - - schaft
Baron.
240
Gau-nersdorf an mich zu-rück! Von Lasten frei und un - gemin - dert an Pri-vi-
espr.
Notar (kurzatmig)
Ge -
Baron.
le - gien, so — wie mein Va - ter se - lig sie be - ses - sen hat.
cantando

241

Notar. stat-ten, hoch-frei-herrli-che Gna-den, die submisse-ste Be-leh-rung, daß ei-ne

pp

Notar. Mor-gen-ga-be wohl vom Gat-ten an die Gat - tin, nicht a - ber von der

p *fp espr.*

(tief aufatmend)

Notar. Gattin an den Gat-ten be - stel - let und sti - pu -

242

Notar. liert zu wer-den, fähig ist. Das

Baron. Das mag wohl sein!

p *p*

(Nach längerer Rücksprache mit dem Haushofmeister beschäftigt sich die **Marschallin** mit der Abfassung des Menus und fertigt dann den Küchenchef ab.)

Baron.
ei - ner so gut als bürger-li-chen Mam-sell Fa-ni-nal bin ich ver-stan - den?
pp
244
Baron.
ac - te de présence zu ma-chen vor Gott und der Welt, und
espr.
p
Baron.
so zu-sa-gen an - ge-sichts kai-ser-li-cher Ma - - - je -
cresc.
f
(Der Flötist beginnt wieder zu praeludieren)
245
immer breiter
(sempre più allargando)
Baron.
stät, da wird cor-po di Bacco! von Mor - gen-ga-be als geziemendem Ge -
mf
dim.
dim.
dim.

(Der Sänger macht Miene wieder anzufangen, wartet noch, bis der Baron still wird.)

247
Tenor.
Ch'il pe - na - - - re é mi - o con - ten - - to
Notar.
ra-tim
Baron (leise)
Er ist ein schmählicher Pedant; als
poco f
p
Tenor.
mio con - ten - to e'l san - ar - mi è ti - - - ran -
Notar.
(ebenso)
Als einen wohl - verklausulier - ten Teil
Baron.
Mor - genga - be will ich das Gütel!
p

248

Tenor: ni - - - a. A-hi! che re - si - - - ste,

Notar: — der Mit-gift.

Baron: (halblaut) Als Mor - gen ga - be! Geht das denn nicht in seinen

p

(Der Sänger bricht jäh ab.)

Tenor: che re - si - ste puo - - co cor. . . . .

Notar: Als ei-ne Schenkung inter vi - vos o - der... (schreiend)

(Baron schlägt wütend auf den Tisch)

Baron: Schädel? Als Morgenga-be!

ff

(Die Marschallin winkt den Sänger zu sich, reicht ihm die Hand zum Kuß. Sänger nebst Flöte ziehen sich unter tiefen Verbeugungen zurück.)

(Der Notar zieht sich erschrocken in die Ecke zurück. Baron tut, als ob nichts geschehen wäre, winkt dem Sänger leutselig zu, tritt dann zu seiner Dienerschaft; streicht dem Leiblakai die bäurisch in die Stirn gekämmten Haare hinaus; geht dann, als suchte er jemand, zur kleinen Tür, öffnet sie, spioniert hinaus, ärgert sich, schnüffelt gegen's Bett, schüttelt den Kopf, kommt wieder vor.)

249 Più animato.

(Der Friseur mit Bestürzung, wirft sich fieberhaft auf den Lockenbau der Marschallin und verändert ihn aufs Neue. Das Gesicht der Marschallin bleibt traurig.)

251 tempo ♩ = 96

252 (Valzacchi und hinter ihm Annina, haben sich im Rücken aller rings um die Bühne hinübergeschlichen und

 praesentieren sich dem Baron mit übertriebener Devotion.)

Annina
255
(fällt auf die Knie)
Wie ei-ne Han-ti - ke...
di Gio - ve. Er lauk-te
Valza.
(fällt auf die Knie)
ti - ke. Co-me sta - tua di Gio - ve.
Er lauk-te
Baron
Das ist ein bes-se-rer Mensch.
p
fp
Annina
Gna-de, at-ta-chie-ren uns an sein Ge - fol - ge: Nich - te und On - kel.
Valza.
Gna-de, at-ta-chie-ren uns an sein Ge - fol - ge: On - kel und
Baron
Euch?
p
pp
Annina
256
Al - les bes-ser!
Valza.
Nick - te: su swei-en ma-ken al-les bes - ser. Per e - sem - pio:
pp
p
f

Valza.
Ih-re Gna - de at ei - ne jun - ge Frau —
Baron.
Wo-her weiß Er denn das, Er
p
(eifrig)
Valza.
Ih-re Gna - de ist in Ei - fer-sukt: di - co per di - re!
Baron
Teu - fel Er?
cresc.
p
sfz
f
Annina
Heut o-der mor - gen. Af - fa - re
Valza.
Eut o-der mor - gen könn - te sein. Af - fa - re nos - tro!
sfz

257
Annina
nos - tro.
Valza.
Je - de Sritt die Da - me sie tut,
je - de Wa - gen die Da - me steigt,
258
Annina
Je-den Schritt, die Da-me sie tut, je - den Wagen, die
Valza.
je - de Brief die Dame bekommt _ wir sind da.
Je - de Sritt, die Da-me sie tut,
sempre p
Annina
Da - me steigt, je - de Brief, die Da - me be-kommt,
Valza.
je - de Wa-gen, die Da-me sie steigt, je - de Brief, die Da - me be-kommt,

259
Annina
wir sind da!
An die E-cke, in die Ka-min, wir sind
Valza.
wir sind da! An die E-cke, in die Ka-min, wir sind
cresc.
f
p
Annina
da —
in die Kom-mo-de,
Valza.
da — 'in-ter die Bet-te,
in ei-ne Schran-ke, un-ter die
pp
(Die Marschallin ist aufgestanden. Friseur nach tiefer Verbeugung eilt ab. Der Gehilfe hinter ihm)
260
Annina
hin-ter die Bet-te, in die Ka-min, wir sind da! Ih-re Gna-de
Valza.
Da-che, an die E-cke, 'in-ter die Bet-te, wir sind da!
cresc.
f

(Sie halten ihm die Hände hin, Geld heischend, er tut, als bemerke er es nicht)
Annina
wird nicht be - dau - ern!
Valza.
wird nicht be - dau - ern!
(halblaut)
Baron
Hm! Was es al - les gibt in die - sem
fp
261
Annina
(halblaut)
Ma - rian - del?
Baron
Wien. Zur Pro - be nur: kennt Sie die Jung - fer Ma - rian - del? Das
pp
Annina
Ni - en - te!
Valzacchi (leise zu Annina)
(zum Baron)
Sai tu? Co - sa vuo - le? Si -
Baron
Zo - fel hier im Haus bei Ih - rer Gna - den?
pp

262
Valzа.
-cker, si-cker, mei-ne Nick-te wird be-sor-gen, sei-en si--cker Ih-re
f
p
mf
cresc.
Annina
263 Moderato.
Wir sind da!
Gnade! Wir sind da!
Baron (die beiden Italiener stehen lassend, zur Marschallin)
Darf ich das Gegen-stück dis-cret ver-trau-lich zu Dero sau-berm
Moderato. ♩=𝅗𝅥 des 12/8 ♩=84
dim.
pp
Kam-mer-zo-fel prä-sen-tie-ren?
(selbstgefällig)
Die Ähn-lich-keit soll, hör ich, un-ver-
(Marschallin nickt)

264
Marschallin (ein bischen lachend)
Ich gra-tu-lie-re Eu-er Lieb-den sehr.
(laut)
Baron
kenn-bar sein. Le-o-pold, das Fut-te-ral!
(Der junge Kammerlakai präsentiert linkisch das Futteral)
(nimmt
Und
sempre pp
Marsch.
Las-sen nur drin-nen. Ha-ben die
dem Burschen das Futteral ab und winkt ihm, zurück zu treten)
(wills aufmachen)
da ist nun die sil-ber-ne Ro-se.
cresc.
pp
265
Gnad' und stel-lens dort-hin.
Nein,
Viel-leicht das Zo-fel soll's ü-ber neh-men? Ruft man ihr?
p
pp
p sfz

Marsch.
266
las-sen nur. Die hat jetzt kei-ne Zeit. Doch sei Er si-cher: den Gra-fen Oc-
espr.
p
pp
ta-vi-an bitt' ich ihm auf, er wird's mir zu lieb schon tun und als Eu-er
267
Lieb-den Ka-va-lier vor-fah-ren mit der Ro-sen zu der Jung-fer Braut.
dim.
(leichthin)
Stel-len in-deß nur hin. Und jetzt, Herr Vetter, sag ich ihm Adieu. Man re-ti-riert sich jetzt von
pp

(Die Lakaien öffnen die Flügeltür)
268
Marsch.
hier. Ich werd' jetzt in die Kir - chen geh'n.
p espr.
pp
Baron
Euer Gna - den ha-ben heut durch un - - - ver-sieg-te Huld mich tiefst be-
colla parte
(Er macht die Reverenz, entfernt sich unter Ceremoniell. Der Notar hinter ihm, auf seinen Wink. Seine drei Leute hinter diesem in mangelhafter Haltung)
Baron
schämt.
pp
(Die beiden Italiener lautlos und geschmeidig, schließen sich unbemerkt an. Haushofmeister tritt ab. Die Lakaien schließen die Tür)
269
Marschallin (allein)
Da geht er hin, der auf - ge-blas-ne, schlech-te Kerl,
m.s. p

Marsch.
und kriegt das hübsche, jun-ge Ding und ei-nen Pin-kel Geld dazu,
espr.
dim.
pp
(seufzend)
270
als müßt's so sein.
Und bildet sich noch ein,
daß er — es ist,
poco calando
espr.
a tempo
p
der sich was ver-gibt.
Was er - zürn' ich mich
cresc.
271
poco rit.
Heiter bewegt. ♩=88
(con moto)
denn?
's ist doch der Lauf der Welt.
fp
mf
p

272
273
Marschallin.
274
Kann mich auch an ein Mä-del er-
Marsch.
275
in- - - -nern, die frisch aus dem Klo-ster ist in den hei-li-gen Eh-
poco rit. (etwas zögernd)
(nimmt den Handspiegel)
-stand kom-man-diert word'n. Wo ist die jetzt? Ja,
a tempo

(seufzend)
276
(ruhig)
Marsch.
such' dir den Schnee vom ver - gan - - genen Jahr.
Das sag ich so:
p
a-ber wie kann das wirk-lich sein,
daß ich die
klei - ne Re - - - - - si
war, und daß ich auch ein - mal die al - te
277
poco rit.
espr.
mf
pp
Frau sein werd...
die al - te Frau,
a tempo (un poco moderato)

278
Marsch.
die al - te Mar - schallin! „Siegst es, da
più animato
f
pp
p
geht die al - te Fürstin Re - si!"
(ruhig)
Wie kann denn das geschehn? Wie macht denn
tempo primo
pp
279
das der lie - be Gott?
Wo ich doch immer
Erstes Zeitmaß (heiter bewegt)
con moto, tempo primo
280
poco a poco
die glei - - - - - che bin.
Und wenner's
mf
dim.

più tranquillo
Marsch.
schon so ma-chen muß, wa-rum laßt er mich zu-schau'n da - bei,
p
mit gar so kla - rem Sinn? Wa-rum ver-steckt er's nicht vor mir?
(immer leiser)
espr.
dim.
pp
281
sempre più tranquillo
Das al-les ist ge - heim, so viel ge-heim, und man ist
dolce espr.
ppp
da-zu da, daß man's er - tragt.
(seufzend)
282
p espr.

Marsch.
(sehr ruhig)
Und in dem „Wie,“ da liegt der gan-ze Un-ter-schied.
mf
(Octavian tritt von rechts ein, in einem Morgenanzug mit Reitstiefeln)
283 Con anima ♩=100
espr.
p
mf
Marschallin (ruhig, mit halbem Lächeln)
284
Ah! Du bist wie-der da? Es
Octavian (zärtlich)
Und Du bist trau-rig!
p
Marsch.
285
ist ja schon vor-bei. Du weißt ja, wie ich bin. Ein
espr.
pp

Marsch.
halb Mal lu-stig, ein halb Mal trau-rig. Ich kann halt meinen Ge - dan-ken nicht
Octavian
Ich weiß,
(tranquillo)
mf
pp
286
Marsch.
kom - man-diern.
più animato ♩= 120
Oct.
wa-rum Du trau-rig bist, mein Schatz. Weil Du er - schrok-ken bist
pp
pp
287
Oct.
und Angst gehabt hast. Hab ich nicht recht? Ge-steh'
pp
f
p

Oct.
mir nur: Du hast Angst ge-habt, Du Sü - - - - ße, Du
stringendo
Pedal
Oct.
Lie - - be, um mich, um mich!
288
Calmato
p espr.
cresc.
f
dim.
p
Marschallin.
Ein bis-sel vielleicht, a-ber ich hab' mich er - fangen und hab' mir
Moderato.
p
dim.
Marsch.
vor-ge-sagt: Es wird schon nicht da-für steh'n. Und wär's da-für ge -
dimin.
pp
p

289 più animato ♩= 136
Marsch.
standen?
Octavian (heiter)
Und es war kein Feld-marschall, nur ein spa-ßi-ger Herr Vet-ter,
p
Ped.
290 ♩= 120
(ihn abwehrend)
Taverl, um-
Oct.
und Du gehörst mir, Du ge-hörst mir.
pp
cresc.
f
espr.
dim.
arm Er nicht zu viel. Wer all-zu-viel um-armt, der hält
espr.
mf
dim.

accelerando
291 tempo primo ♩=108
Marsch.
nichts fest
Oh!
sei Er jetzt sanft,
Octavian (leidenschaftlich
Sag, daß Du mir ge-hörst!
Mir!
pp
cresc.
fp espr.
(Octavian will lebhaft erwidern)
sei Er gescheidt und sanft und gut. Nein, bitt schön, sei
Er nur nicht wie al-le
espr.
pp
p sfz
espr.
292 (schnell gefaßt)
Män-ner sind.
Wie der Feld-marschall und der Vet-ter Ochs.
Oct.
(mißtrauisch auffahrend)
Wie al-le Männer?
(nicht dabei beruhigt)
Bi-
pp
f
p sfz

(mit Nachdruck.)
293 accelerando.
Marsch.
Sei er nur nicht, wie al - le Män - ner sind.
Oct.
(zornig.)
che - te!
Ich weiß nicht, wie al - le
sfz
Män - ner sind.
294 Tempo primo, poco tranquillo. ♩ = 108.
(plötzlich sanft.)
Weiß nur, daß ich dich
p
cresc.
f
dim.
pp
lieb hab.
Bi - chet - te, sie ha - ben dich mir aus - ge - tauscht.
molto espr.
accel.
sfz
cresc.
295
Bi - chet - te, wo ist sie denn?
f

Marschallin.
296 Mosso con sentimento. ♩= 128.
(ruhig)
Sie ist wohl da, Herr Schatz.
Oct.
Ja, ist sie da?
poco calando.
innig bewegtes Zeitmaß
fp
pp
sfz
Oct.
Dann will ich sie hal - ten, daß sie mir nicht wie-der ent -
p
(leidenschaftlich.)
297 sempre più mosso.
kommt. Pak-ken will ich sie, pak - ken, daß sie es spürt, zu wem sie ge -
sfz
mf
p
298 Animato assai. 𝅗𝅥= 60.
hört zu mir! denn ich bin ihr, und sie ist mein!
cresc.
f

Marschallin.
(sich ihm entwindend.)
Oh sei Er gut, Quin - quin. Mir ist zu
poco a poco cal-
fp
p
Marsch.
299
Mut, daß ich die
ando.
sfz
dim.
Marsch.
Moderato. ♩. = 44.
Schwäche von al - lem Zeit - li - chen recht spü - ren muß;
in ruhiger Bewegung.
pp
300
Marsch.
bis in mein Herz hin - ein, wie man nichts hal - ten soll, wie man nichts pak - ken kann.
sfz
pp
sfz
pp

301

Marsch.

Wie al - les zer - läuft, zwi-schen den Fingern wie

sfz sfz pp sfz mf

302

Marsch.

al - les sich auf - löst, wo - nach wir grei - - - - - - - fen,

sfz dim. pp

303

Marsch.

al - les zer - geht wie Dunst und Traum.

Octavian.

Mein

p mf dim. pp

(er weint.)

Oct.

♩. = 52.

Gott, wie Sie das sagt. Sie will mir doch nur zei - - gen, daß Sie nicht an mir hängt.

poco agitato.

sfz

p espr.

3

304
Marschallin.
Sei Er doch gut, Quinquin! Sei Er doch gut, Quinquin!
sfz
sfz
cresc.
pp espr.
(Octavian weint stärker.)
305 ruhig.
Marsch.
Jetzt muß ich noch den Buben dafür trösten,
espr.
pp
sfz
p
daß er mich über kurz oder lang wird sitzen lassen.
(Sie streichelt ihn.)
Octavian.
Über kurz oder lang?
poco rall.
(schr süß)
dim.
pp
ppp
tempo primo.
p
306
Daß Ihn das
(heftig.)
Oct.
Wer legt Dir heut die Wörter in den Mund,
più animato.
sfz
f
ff

Più tranquillo.
Marsch.
Wort so kränkt! Die Zeit im Grunde, Quin-quin, die Zeit die
Oct.
(Er hält sich die Ohren zu.)
Bi-chet-te?
Più tranquillo.
p
sf
pp
poco ritard.
307
tempo primo. ♩. = 44.
än-dert doch nichts an den Sa-chen. Die Zeit, die ist ein son-der-bar Ding.
espr.
dolce e cantando
pp
Wenn man so hin-lebt, ist sie rein gar Nichts. A-ber dann auf ein-mal, da spürt man
sfz
espr.
p
308
tranquillo, ma con moto.
nichts als sie. Sie ist um uns her-um, sie ist auch in
cantando
dim
pp
espr.

309
Marsch.
uns drin-nen. In den Ge - sich - tern rie-selt sie, im
pp
p
Marsch.
Spie - gel da rie-selt sie, in mei-nen Schlä - fen fließt sie. Und
espr.
pp
mf
dim.
(warm.)
Marsch.
zwischen mir und dir da fließt sie wie-der. Laut-los, wie ei-ne Sanduhr. Oh, Quin-
p
cresc.
mf dim.
pp
310
Marsch.
quin! Manchmal hör ich sie flie-ßen un - - - auf -
dim.
pp

Marsch.
(leise.)
311
halt-sam. Manchmal steh ich auf mit-ten in der Nacht und laß die
p
ppp
Uh-ren al-le, al-le stehn. Al-lein, man muß sich auch vor ihr nicht
pp
312
fürch-ten. Auch sie ist ein Ge-schöpf des Va-ters, der uns al-le er-schaf-
p
mf
pp
313 ♩= ♩. des 6/8
poco rall.
-fen hat.
(mit ruhiger Zärtlichkeit.)
Octavian.
Mein schö-ner Schatz will Sie sich trau-rig ma-chen mit Ge-
etwas zögernd
p
dim.

314

Wieder ins frühere Zeitmaß, ruhig fließend, zurückkehrend.

(*Poco a poco in tempo primo, tranquillo ma con moto.*)

316
Marsch.
gibt mich auf um ei-ner an - - - - dern wil-len, die
dim.
317
(etwas zögernd.)
Marsch.
jün-ger und schö-ner ist als ich.
Octavian.
Willst Du mit Wor - ten mich von dir
con moto appassionato.
espr.
pp
cresc.
f
sfz
Marsch
(ruhig.)
Der Tag kommt ganz von
Oct.
sto - - ßen, weil Dir die Hän - - de den Dienst nicht tun?
f
f
dim.

318
Marsch.
sel - ber. Heut o-der mor-gen kommt der Tag, Oc-ta - - vi -
p
sfz
Marsch.
an.
Octavian
Nicht heut, nicht mor-gen: ich hab dich lieb. Nicht heut, nicht
(gesteigert)
Più mosso ♩. = 52
p espr.
319
Oct.
mor-gen! Wenn's so ei-nen Tag ge - ben muß,
pp
cresc.
320
Oct.
ich denk ihn nicht. Solch schreck - li-chen Tag! Ich will den Tag nicht
sempre più animato
f
p
cresc.
f
dim.
f

𝅗𝅥 = 60
(sehr leidenschaftlich)
(molto appassionato)
Oct.
sehn. Ich will den Tag nicht den - ken. Was
f
mf
dim.
p
pp
321 Marschallin
Heut
Oct.
quälst du dich und mich, The - res?
𝅗𝅥 = 52
cresc.
ff
Marsch.
o-der mor-gen o - der den ü - ber-näch-sten Tag. Nicht quä -
f
espr.
dim.
p
322
𝅘𝅥. = 𝅗𝅥 des ¢
Marsch.
- len will ich Dich, mein Schatz. Ich sag, was wahr ist, sag's zu mir so gut,
ritard.
a tempo, un poco tranquillo
(innig)
dim.
pp

323 ♩. = 52
Marsch.
als wie zu dir..........
Leicht will ich's ma-chen
f espr. con moto leggiero
p
r.H. cresc.
p
dir und mir.
Leicht muß man sein mit leich-tem
Herz und leich-ten Hän-den hal-ten und neh-men, hal-ten und las-sen......
324
pp
cresc.
f
dim.
p
Die nicht so sind, die straft das Le-ben und Gott und
pp
p espr.

325
leidenschaftlich bewegt
Marsch.
Gott er-barmt-sich ih-rer nicht.
Octavian.
Sie spricht ja heu-te wie ein Pa - - ter.
appassionato
accelerando
mf
molto cresc.
f
appassionato
Oct.
Soll das hei-ßen, daß ich Sie nie, nie mehr wer-de küs - - - - sen
f
dim.
326
Oct.
dür - fen, bis ihr der A - - - - tem aus - geht?
allargando a
espr.
p
f
ff
allmählich
poco a poco
Marschallin
Quin - quin, Er soll jetzt gehn,
breiter
dim.
p
f
dim.

(sanft)
327
moderato ♩= 92
Marsch.
Er soll mich las - sen. Ich werd jetzt in die Kir - - chen
schon ziemlich ruhig
espr.
molto
pp
328
geh'n und spä-ter fahr' ich zum Onkel Greifenklau, der alt und ge-lähmt ist und
eß mit ihm: das freut den al - ten Mann. Und Nach-mit-tag
pp
dim.
pp
p
329
werd' ich Ihm ei-nen Lauffer schicken, Quin-quin, und sa - gen lassen.
sempre più tranquillo
pp
(sehr süß)
dim.

(zögernd)
330
Marsch.
ob — ich in den Pra-ter fahr'.
♩ = 76
ppp
p espr
Ped.
Und wenn ich fahr', und Er hat Lust, so wird Er auch in den Pra-ter-kommen
pp
331
und ne-ben mei - - nem Wa - - gen rei - ten......
dim.
ppp
332
Jetzt sei Er gut und folg' Er mir
p
pp
più pp

Octavian (leise)
(Er geht ab)
Wie Sie be-fiehlt, Bi - chet - te!
(Die Marschallin fährt leidenschaftlich auf)
heftig bewegt
333
mosso e veemente
f
334
Marschallin
Ich hab ihn nicht ein-mal ge -
dim.
(sie klingelt heftig) (Lakaien kommen von rechts)
Marsch.
küßt!
Lauft's dem Herrn Grafen nach und
bit-tet's ihn noch auf ein Wort herauf.
ff subito

*) Ich stelle es dem Ermessen des Dirigenten frei, die 4 Lakaien, wenn dieselben nicht durch tüchtige Solisten zu besetzen sind, zu verdoppeln, sogar zu verdreifachen, wobei es sich vielleicht empfiehlt, dem ersten Tenor eine oder zwei Altstimmen beizugeben.

* I leave it to the conductor's judgment to double the four footmen if these roles cannot be filled by able soloists, or even to assign three singers to each part, in which case it is perhaps advisable that the first tenor be reinforced by one or two alto voices.

1. Lak.
Wa-ren um die Ek - ken wie der
3. Lak.
war - -tet.
Vierter Lakai
Gleich beim Tor sind auf - ge-ses - sen wie der Wind.
p
1. Lak.
Wind,
wa-ren um die Ek - ken wie der
Zweiter Lakai
—um die Ek - ken wie der Wind.....
3. Lak.
—um die Ek - ken wie der Wind....
4. Lak.
Wa-ren um die Ek - ken wie der
cresc.

337
1. Lak.
Wind.
War um - sonst.
2. Lak.
Sind nach - ge-lau - fen.....
3. Lak.
Wir ha-ben geschrien......
wa-ren um die Ek - ken wie der
4. Lak.
Wind.
fp
dim.
Marschallin
Es ist gut.
(Die Lakaien ziehen sich zurück)
Geht nur wieder.
338
(ruft nach)
Den Mohammed!
(Der kleine
3. Lak.
Wind.
pp
p
dim.
fp
Neger herein, klingelnd, verneigt sich)
Marsch.
Das da trag'....
(Der Neger nimmt eifrig das Saffianfutteral)
Weißt ja nicht, wo-
langsam werdend
allargando poco
mf
pp
fp

end Cassette Side 2

Zweiter Aufzug.

(Saal bei Herrn von Faninal. Mitteltüre nach dem Vorsaal. Türen links und rechts. Rechts auch ein großes Fenster. Zu beiden Seiten der Mitteltüre Stühle an der Wand. In den abgerundeten Ecken jederseits eine kleine unsichtbare Türe.
Faninal, Sophie, Marianne Leitmetzerin die Duenna, der Haushofmeister, Lakaien.)

Mar.
Hat himmel-blau-e Vor-häng,' vier Ap-fel-schim-mel
p
Mar.
sind dran. Haushofmeister.
(nicht ohne Vertraulichkeit zu Faninal)
Ist höch-ste Zeit, daß Eu-er Gna-den fah-ren. Der
6
Etwas ruhiger
(un poco meno mosso)
♩=112
fp
Haus-hofm.
hoch-a-de-li-ge Bräu-ti-gams-va-ter sagt: die Schicklichkeit muß aus-ge-fah-ren sein, be-
Haus-hofm.
vor der sil-ber-ne Ro-sen-ka-va-lier vor-fahrt.
(Lakaien öffnen die Türe)
7
Faninal.
In
accelerando
mf
cresc.

Haus-
hofm.
Wär nicht ge-zie - mend, daß vor der Tür sie sich be -
Fan.
Got - tes Na - men.
♩.=𝅗𝅥. des 2/4, come prima
f
p
1)
Haus-
hofm.
geg - ne - ten!
Fan.
Wenn ich wie - - der-komm, so führ ich
dim.
pp
8
Marianne.
Den e-dlen und ge-
Fan.
Dei - nen Herrn Zu - künf - ti - gen bei der Hand.
2
cresc.
f
p
p

9

Mar. strengen Herrn von Lerchenau!

Fan. (er geht)

poco ritard.

l'istesso tempo, molto mosso

mf *p*

Sophie. (vorgehend, allein) In dieser feierlichen Stunde der Prüfung, da du

(𝅗𝅥 = 𝅘𝅥. des 9/8) Metr. 𝅗𝅥 = 92

Soph. mich, o mein Schöpfer, über mein Verdienst erhöhen und in den

sfz *pp*

Soph. heiligen Ehestand führen willst, —

10

Marianne. (am Fenster) Jetzt steigt er ein. Der Xaver und der Anton springen

𝅘𝅥 = 𝅘𝅥

espr. *poco f* *dim.* *f* *p*

(sie hat große Mühe, gesammelt zu bleiben)
Soph.
Mar.
opfr' ich dir in De - mut mein
hin-ten auf.
espr.
dim.
Herz in De - - mut auf.
11
Der Stall-pag' reicht dem Jo - sef sei - ne Pei-tschen, al - le
poco f
Die De - - mut in mir zu er - wek - ken, muß ich mich
Fen - ster sind vol - - ler Leut.
dim.
espr.

12
Soph.
de - - mü-ti-gen.
Mar.
(sehr aufgeregt)
Die hal - be Stadt ist auf die Füß!
espr.
pp
mf
f
(sammelt sich mühsam)
Soph.
De - - - mü-ti-gen und recht be-den - - - ken:
pp
espr.
Soph.
die Sün - de, die Schuld, die Nie - - drig-keit, die Ver-
espr.
mf
cresc.
13
Soph.
las-sen-heit, die An - - fech - tung!
Marianne.
Aus dem Se - mi - na-ri schau'n die Hoch - - wür-di-gen
f

*) beliebig zu verdoppeln, bis sie deutlich vernehmbar sind

* To be doubled as desired until they are clearly audible.

Marianne (entzückt ausrufend)
Er kommt, er kommt. In
3 Lauf. hinter d.Scene.
Metr. 𝅗𝅥 = 92
Ro - fra - no. Ro -
a tempo, sehr beschwingt (con slancio)
pp
pp
16
Mar.
zwei Ka-ros - sen. Die er-ste ist vier - spännig, die ist leer. In der zwei-ten
3 Lauf. hinter d.Scene.
fra - no.
accelerando
espr.
tempo I.
fp
f
Sophie (ziemlich fassungslos)
Ich will mich
Mar.
sechs - spän-ni-gen sitzt er sel - ber, der Ro-sen-ka-va-lier
(etwas näher)
3 Lauf.
Ro - fra - - no! Ro-
l.H.
pp

17
Soph.
nie - mals mei-nes neu - en Stan-des ü - ber - he - ben, mich ü-ber-
3 Lauf.
fra - no!
accelerando
mf
p
cresc.
(Sie hält es nicht aus)
18
Soph.
he-ben..... Was ru - fen denn die? Marianne.
Den Na-men vom
3 Lauf.
Ro - fra - no. Ro - fra - no. Ro -
pp
Mar.
Ro-sen-ka-va-lier und al le Na - men von Dei-ner neu - - - en fürst-li-chen Ver-
3 Lauf.
fra - - no! Ro - fra - - no!
cresc.
mf

(mit lebhaften Gebärden)
Mar.
wandt-schaft ru - fen's aus.
Jetzt ran -
accelerando
tempo
p
cresc.
f
pp
19
gier'n sich die Be - dien - - ten. Die La - kai - en sprin-gen
primo, sempre più animato
Sophie.
Wer-den sie mein'Bräu-ti-gam sein' Na-men auch so aus ru -
rück - wärts ab!
pp
20
Soph.
- fen, wenn er an - ge - fah - ren kommt?
(ganz begeistert)
Sie rei - ßen den
tempo primo
cresc.
ff

Mar.
Schlag auf! Er steigt aus. Ganz in Sil - ber-stück' ist er
Drei Lauffer.
(dicht unter dem Fenster)
3 Lauf.
Ro - fra - - - - no! Ro -
f
mf
Mar.
an - ge-legt von Kopf zu Fuß. Wie ein heil'ger
21
3 Lauf.
fra - - - - no! Ro - fra - - no!
f
Mar.
En - - - gel schaut er aus.
3 Lauf.
Ro - fra - - no!
sempre più mosso
mf
f

Sophie.
22
Herrgott im Him - mel! Ich weiß, der
cresc.
p
Soph.
Stolz ist ei-ne schwe - re Sünd'. A-ber jetzt kann ich mich nicht
fp
Soph.
de - mü-ti-gen. Jetzt geht's halt nicht. Denn das ist ja so
23
poco accelerando
p
cresc.
p
Soph.
schön, so schön!
cresc.
f
8

Lakaien haben schnell die Mitteltüre aufgetan.)

(Herein tritt Octavian, ganz in Weiß und Silber, mit bloßem Kopf, die silberne Rose in der Hand. Hinter ihm seine Dienerschaft in seinen Farben: Weiß mit Blaßgrün. Die Lakaien, die Haiducken, mit krummen ungarischen Säbeln an der Seite; die Lauffer in weißem, sämischem Leder mit grünen Straußenfedern. Dicht hinter Octavian ein Neger, der Octavians Hut und ein anderer Lakai, der das Saffianfutteral für die silberne Rose in beiden Händen fröhlich tragen. Dahinter die Faninal'sche Livree. Octavian, die Rose in der Rechten, geht mit adeligem Anstand auf Sophie zu, aber sein Knabengesicht ist von einer Schüchternheit gespannt und gerötet.
Sophie ist vor Aufregung über seine Erscheinung leichenblaß. Sie stehen einander gegenüber und machen sich wechselweise durch ihre Verlegenheit und Schönheit noch verwirrter.)

breit.

Ziemlich langsam. ♩ = 𝅗𝅥 des 3/2
un poco lento

ff ritenuto *fff* *dim.* *pp*

25

Metr ♩ = 69

Octavian (etwas stockend)

Mir ist die Eh - re wi-der-

dolce espr. *pp*

Oct.

fah-ren, daß ich der hoch und wohlgeborenen Jungfer Braut, in meines Herrn

pp

26

Oct.

Vet - ters Na-men, des-sen zu Ler-che-nau Na-men, die Ro-se sei-ner Lie -

8

sempre **pp**

espr.

Sophie (nimmt die Rose)

Ich bin

27

Oct.

- be ü-ber-rei - chen darf.

8

pp

Soph.

Eu-er Liebden sehr ver-bun - - den. Ich bin

8

Ped. *

Soph.

Euer Lieb - den in al-ler E - wigkeit ver-bun - - - - - den.

espr.

8

pp

p

28 (Pause der Verwirrung)

pp

Sophie (indem sie an der Rose riecht) 29

Hat ei-nen star-ken Ge-ruch wie Ro - - - - sen, wie le-

pp

Soph. ben-di-ge.

Octavian.

Ja, ist ein Trop - fen per - si-schen Ro-sen-öls da-

Soph. 30 Wie himm - - - - li-sche, nicht

Oct. rein ge - tan.

Etwas breit. ♩= 60

un poco allargando

cresc.

pp

(*ppp*)

Soph.
ir - - - di-sche, wie Ro-sen vom hoch - hei-li-gen Pa - - - ra-dies.
(ppp)
Soph.
Ist Ihm nicht auch?
(Octavian neigt sich über die Rose, die sie ihm hinhält, dann richtet er sich auf und sieht auf ihren Mund.)
espr.
31 Metr. ♩ = 66
ppp
pp
Sophie.
Ist wie ein Gruß vom Him - - - - - mel. Ist bereits zu stark, als daß man's er -
ppp
Soph.
tra - gen kann.
32
Zieht ei-nen nach, als lä-gen Strik - ke um das
molto espr.
p
dim.

Soph.
(leise)
Herz. Wo war ich schon ein-mal und war so
Octavian (wie unbewußt und noch leiser)
Wo
pp
etwas fließender.
più scioltamente
(mit Ausdruck)
33
se - lig? Da - hin muß ich zu -
Oct.
war ich schon ein-mal und war so se - - - -lig?
♩= 76
p
mf espr.
rück, da-hin, und müßt ich völ - - lig ster - - ben auf dem
Ich war ein Bub, da hab ich die, die noch nicht ge -
p
Ped.

34

Soph. Weg. Al-lein ich sterb ja nicht. Das ist ja weit.

Oct. kannt. Wer bin denn ich? Wie komm denn ich zu ihr? Wie kommt denn sie

pp *espr.* *espr.* *cresc.*

Tempo primo. ♩=66

35

Soph. Ist Zeit und E - - - - - - - - wig-keit in

Oct. zu mir? Wär' ich kein Mann, die Sin- - -ne möch-ten mir ver-

p *p* *f* *pp*

36

Soph. ei - nem sel'- - gen Au- - - - - gen-blick, den will ich nie ver-

Oct. gehn; das ist ein sel'- - ger Au - gen-blick, den will ich nie ver-

cresc. *f*

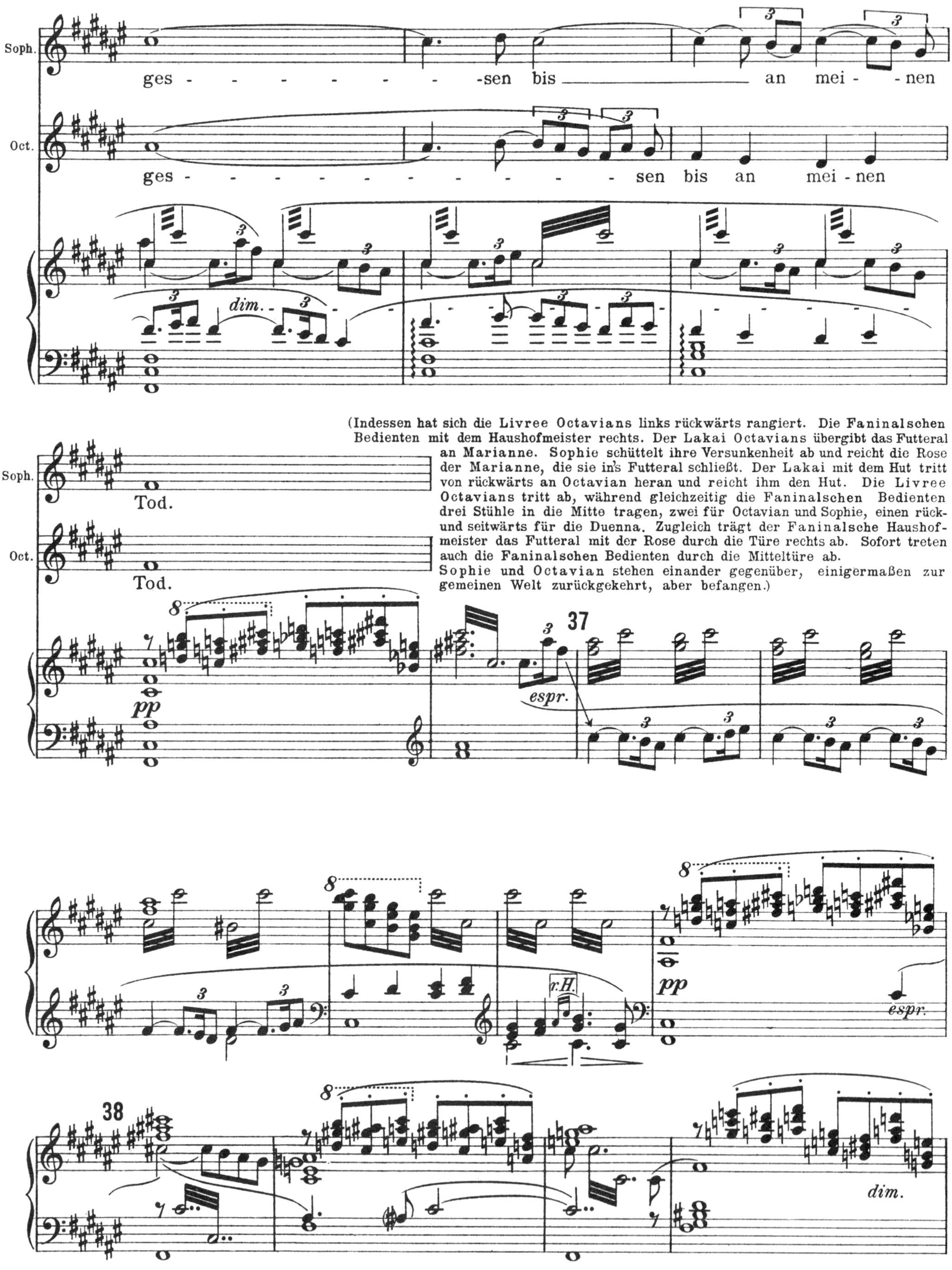

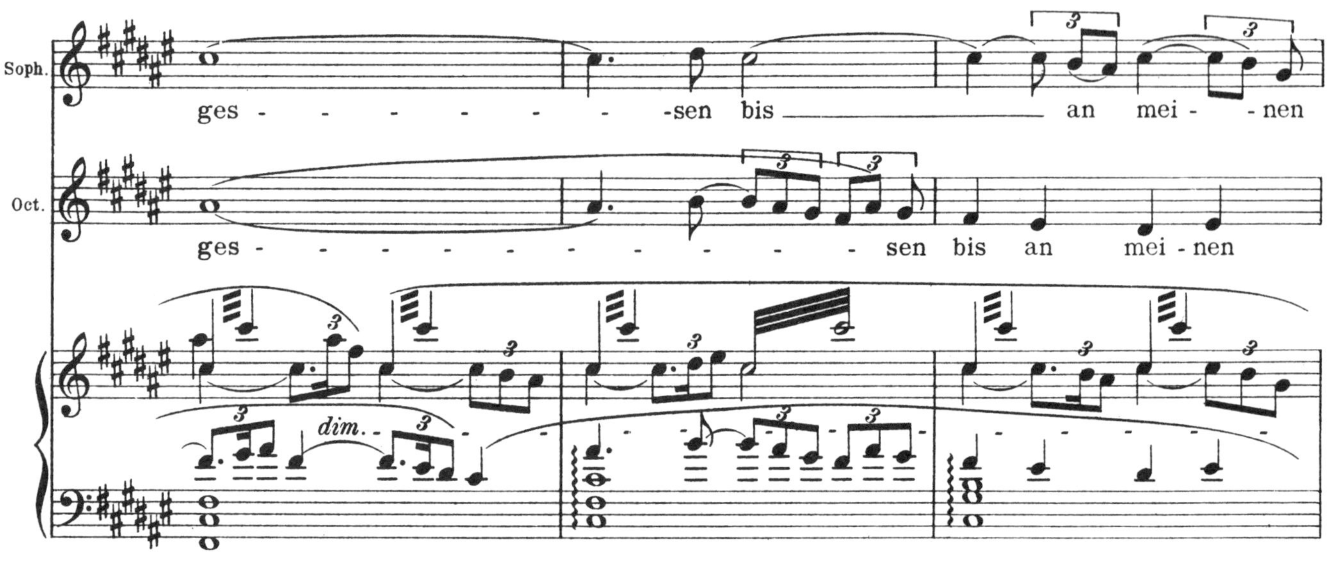

Soph. Tod.

Oct. Tod.

(Indessen hat sich die Livree Octavians links rückwärts rangiert. Die Faninalschen Bedienten mit dem Haushofmeister rechts. Der Lakai Octavians übergibt das Futteral an Marianne. Sophie schüttelt ihre Versunkenheit ab und reicht die Rose der Marianne, die sie in's Futteral schließt. Der Lakai mit dem Hut tritt von rückwärts an Octavian heran und reicht ihm den Hut. Die Livree Octavians tritt ab, während gleichzeitig die Faninalschen Bedienten drei Stühle in die Mitte tragen, zwei für Octavian und Sophie, einen rück- und seitwärts für die Duenna. Zugleich trägt der Faninalsche Haushofmeister das Futteral mit der Rose durch die Türe rechts ab. Sofort treten auch die Faninalschen Bedienten durch die Mitteltüre ab.
Sophie und Octavian stehen einander gegenüber, einigermaßen zur gemeinen Welt zurückgekehrt, aber befangen.)

8 pp espr. 37

8 r.H. 8 pp espr.

38 8 dim.

(Auf eine Handbewegung Sophiens nehmen sie beide Platz, desgleichen die Duenna, im selben Augenblicke, wo der Haushofmeister unsichtbar die Tür rechts von außen zuschließt.)

Leicht bewegt. (ganze Takte schlagen) 𝅗𝅥. = 52

Animato grazioso

p

Sophie. **39**

Ich kenn' Ihn schon recht wohl, mon Cou-sin!

Octavian.

Sie kennt mich, ma Cou-si-ne?

dim. pp p

Soph. **40**

Ja, aus dem Buch, wo die Stammbäumer drin sind. Dem Eh-ren-spiegel

Oct.

pp p fp

Soph.: Ö - sterreichs.

41

Soph.: Das nehm' ich im - mer A - bends mit in's

p *mf* *p* *pp*

Soph.: Bett und such' mir mei - ne zu - künft' - ge, gräf - lich' und fürst - lich' Ver -

p *pp* *tr* 5

un poco moderato
etwas breit.

Soph.: wandtschaft drin zusammen.

42

Octavian. Tut Sie das, ma Cou - si - ne?

Soph.: Ich weiß, wie alt Eu - er Liebden sind:

pp *cresc.* - - - - *pp*

Soph.: Sieb - zehn Jahr und zwei Mo - nat.

poco più mosso
wieder etwas fließender

Soph.: Ich weiß all Ih - re Tauf - na -

p

43
Soph.
-men.
Oc - ta-vi-an
Ma-ri-a Ehrenreich
Bo-na-ven-
p
tu-ra Fer-nand
Hy - a - zinth.
44
Octavian.
So gut weiß ich sie
mf
p
pp
Soph.
(errötet)
Ich weiß noch was.
Oct.
sel - ber nicht ein-mal.
Was weiß Sie noch,
pp
pp

(ohne ihn anzusehen)
45
Soph.
Quin - quin.
Oct.
sag' Sie mir's ma cou - si - ne?
(lachend)
Weiß Sie
3
pp
espr.
allmählich fließender
poco à poco più mosso
So nen - nen Ihn halt sei - ne gu - ten
den Na-men auch?
poco a poco più sciolamente
sempre pp
46
Freun - de und schö - ne Da - men, denk' ich mir, mit denen Er
p
47
(kleine Pause)
recht gut ist.
d. = 52
dim.
pp
espr.

(mit Naivität)
48
Soph.
Ich freu' mich auf's Hei - ra - ten!
mf sfz
pp
Freut Er sich auch darauf? O-der hat Er leicht noch gar nicht
p
pp
49
dran gedacht, mon cou - sin? Denk' Er: ist doch was
p
mf
pp
50
an - dres, als der le - di - ge Stand.
Octavian (leise)
Wie schön
pp l.H. espr.
3

51
Soph.
Frei - lich, Er ist ein Mann, da ist Er was Er bleibt.
Oct.
— sie ist.
p
mf
Soph.
Ich a - ber brauch' erst einen Mann, daß ich was bin. Dafür bin ich dem
dim.
p
dim.
52 Metr. 𝅗𝅥. = 46
Soph.
Mann dann auch gar sehr ver - schul - det.
Octavian.
(gerührt und leise)
Mein Gott, wie schön und gut sie ist. Sie
tranquillo
pp
espr.

Soph.
Ich werd ihm kei-ne Schand' nicht ma-chen und meinem Rang und Vor-tritt.
Oct.
macht mich ganz ver - wirrt.
poco accelerando
sehr frisch
(con spirito)
pp
mf
sfz
53
(sehr lebhaft)
Täte eine, die sich besser dünkt als ich, ihn mir be-
♩. = 54
sfz
fp
p
streiten bei ei-ner Kinds - tauf o-der Leich', so will ich, wenn es sein muß, mit
54
cresc.
f
Ohr - feigen ihr be-wei - sen, daß ich die vor - nehme-re bin, und lie-ber
55
3
fp
sfz
pp

Soph.
al - les hin - nehme wie Krän-kung o-der Un - gebühr.
cresc.
fp
Octavian (lebhaft)
Wie
poco rit.
f
dim.
56
Oct.
kann Sie denn nur den-ken, daß man Ihr mit Ungebühr be-geg-nen wird,
a tempo, molto mosso
Metr. 𝅗𝅥. = 56
p
mf
dim.
57
Oct.
da Sie doch im-mer die Schön - ste, die Al - ler-schön -
espr.
p
espr.

Sophie.
58
3
Lacht Er mich aus, mon cousin?
Oct.
- ste sein wird.
Wie, glaubt Sie
p
immer fließender
(sempre più scioltamente)
Soph.
Er darf mich aus - la - chen, wenn Er will. Von
Oct.
das von mir?
3
3
3
sfz
mf
59
Soph.
Ihm laß ich al - les mir ger - ne geschehn, weil mir nie noch ein
grazioso
p
pp

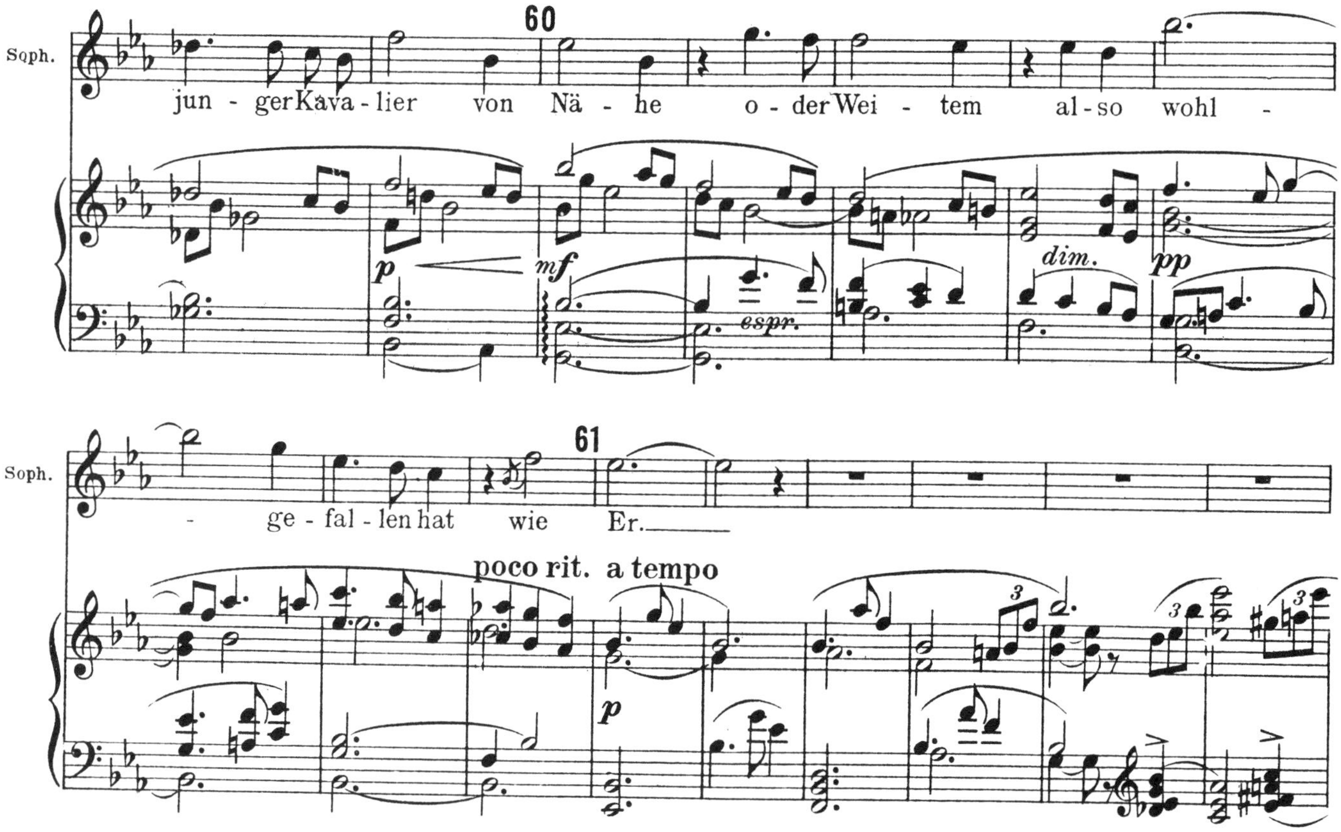

Soph.
60
jun - ger Kava - lier von Nä - he o - der Wei - tem al - so wohl -
p
mf
espr.
dim.
pp
Soph.
- ge - fal - len hat wie Er.
61
poco rit. a tempo
p

(Die Türe rückwärts auf. Alle drei erheben sich und treten nach rechts. Faninal führt den Baron zeremoniös über die Schwelle und auf Sophie zu, indem er ihm den Vortritt läßt. Die Lerchenau'sche Livree folgt auf Schritt und Tritt:

Soph.
Jetzt aber kommt mein Herr Zu - künftiger.
Moderato mosso.
ff
p

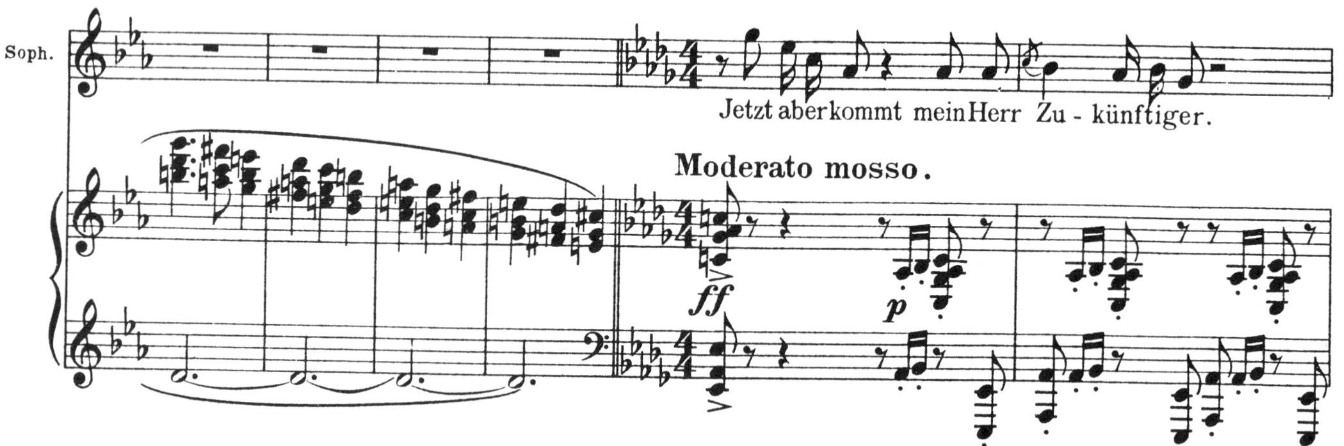

zuerst der Almosenier mit dem Sohn und Leibkammerdiener. Dann folgt der Leibjäger mit einem ähnlichen Lümmel, der ein Pflaster über der eingeschlagenen Nase trägt, und noch zwei von der gleichen Sorte, vom Rübenacker her in die Livree gesteckt. Alle tragen wie ihr Herr, Myrtensträußchen. Die Faninal'schen Bedienten bleiben im Hintergrunde.)

Metr. 𝅗𝅥 = 88
62
cresc.
f
p

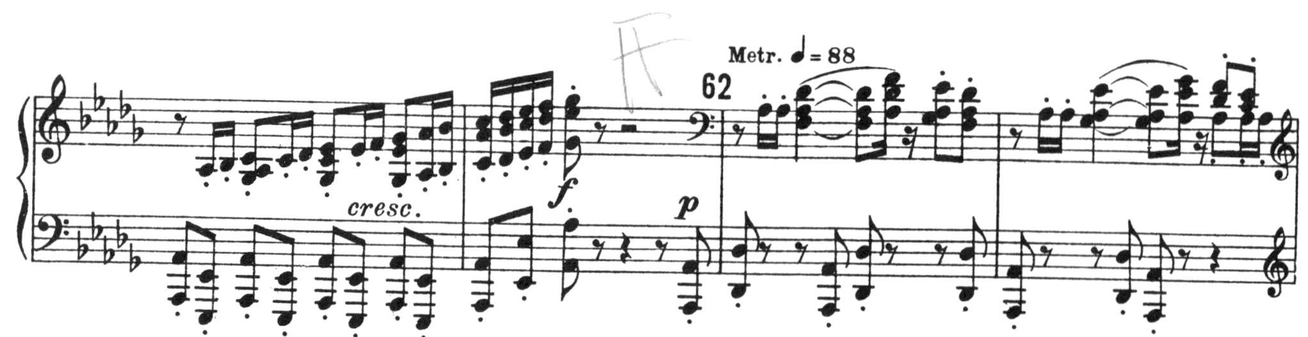

Faninal.
Ich praesentie - re Euer Gna-den de-ro Zu - künf-ti-ge.
pp
Baron (macht die Reverenz, dann zu Faninal)
Deliciös!
p
pp
(Er küßt Sophie die Hand, gleichsam prüfend.)
63
Baron
Mach' Ihm mein Com - pli - ment. Ein fei - nes
Baron
Hand - gelenk. Da-rauf halt ich gar viel. Ist unter
pp
p

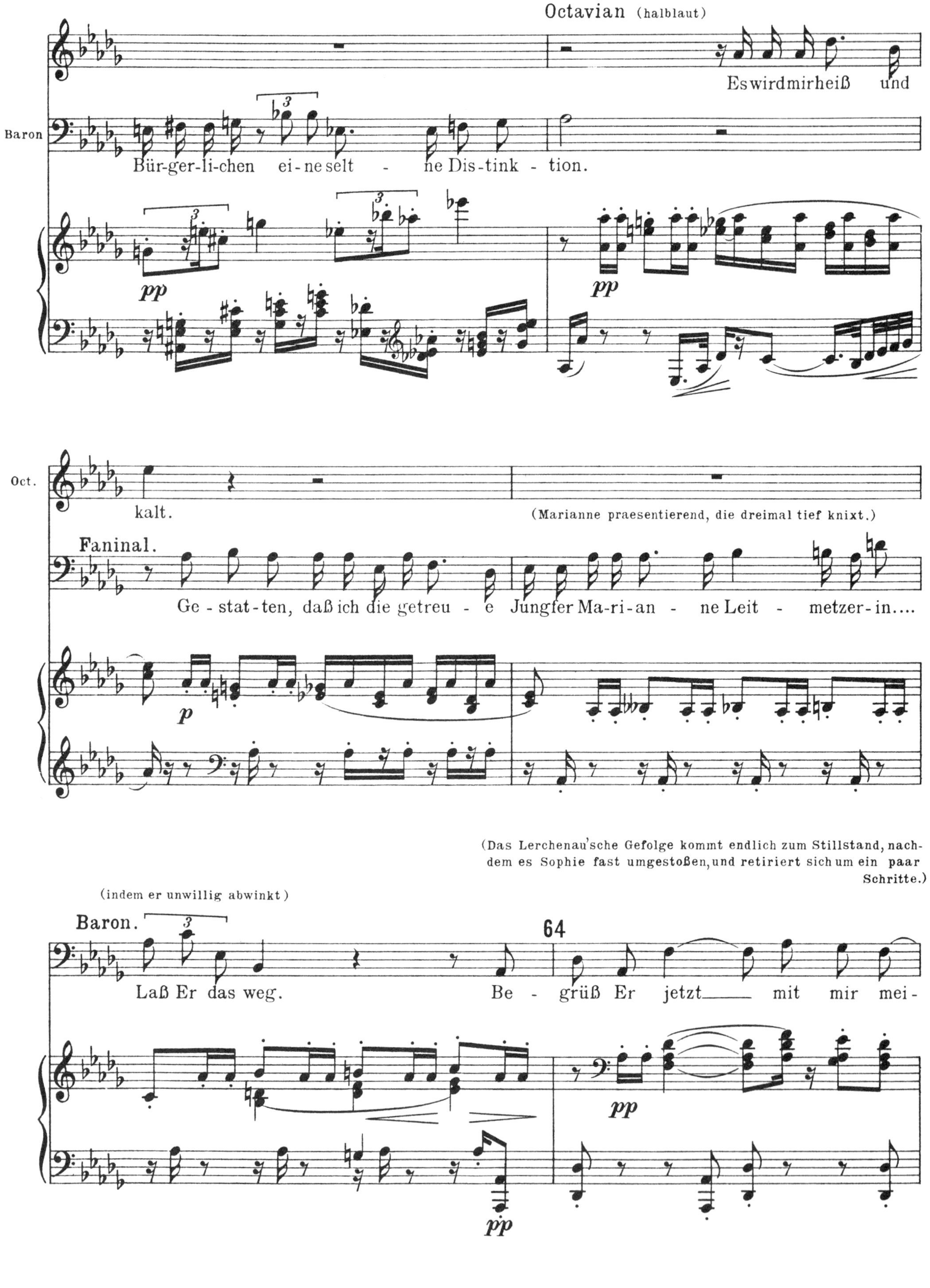

Octavian (halblaut)

Es wird mir heiß und

Baron

Bür-ger-li-chen ei-ne selt - ne Dis-tink - tion.

pp *pp*

Oct.

kalt.

(Marianne praesentierend, die dreimal tief knixt.)

Faninal.

Ge - stat-ten, daß ich die getreu - e Jungfer Ma-ri-an - ne Leit - metzer-in....

p

(Das Lerchenau'sche Gefolge kommt endlich zum Stillstand, nachdem es Sophie fast umgestoßen, und retiriert sich um ein paar Schritte.)

(indem er unwillig abwinkt)

(mit Marianne rechts stehend)
Sophie (halblaut)
Was sind das für Ma-nie-ren? Ist da leicht ein
Baron
-nen Herrn Ro - sen-ca-va - lier.
(Er tritt mit Faninal auf Octavian zu, unter
Soph.
Roß-tau - scher und kommt ihm vor, — er hätt' mich eingetauscht.
Reverenz, die Octavian erwiedert.)
65
Marianne.
Ein Kava-
Metr. ♩ = 100
Mar.
lier hat halt ein un - ge-zwun-genes, leut-se - liges Beneh - men.
Mar.
Sag dir vor, wer er ist, und zu was er dich macht,

66
Mar.
so werden dir die Faxen gleich vergehn.
Baron (zu Faninal)
Ist gar zum Staunen, wie der junge
dimin.
pp
Bar.
Herr jemand gewissem ähnlich sieht; hat ein Bastardel, recht ein
pp
pp
Bar.
(plump, vertraulich)
saubres, zur Schwester. Ist kein Geheimnis unter Personen von
poco f
mf
pp
Bar.
(gemächlich)
Stand. Hab's aus der Fürstin eignem Mund, und weil der Faninal so zu sagen
p
pp

(immer breiter)
67
Bar.
jet-zo zu der Verwandtschaft ge-hört, mach dir kein De-pit da-rum Ro-fra-no,
pp
espr.
daß dein Va-ter ein Streichmacher war, be-fin-det sich da-bei in gu-ter Compagnie,
p
mf
(lachend)
der sel'-ge Herr Mar-che-se. Ich sel-ber ex-clu-dier' mich
f
pesante
68 Sophie.
Jetzt läßt er mich so stehn, der gro-be Ding! Und das ist mein
nicht.
più mosso
f
p

Soph.
Zu - künf-ti-ger. Und blat-ter-steppig ist er auch, o mein
Gott!
Marianne.
Na, wenn er Dir von vorn nicht gefallt, Du Jung-fer
Baron (zu Faninal)
Seh', Lieb-den, schau dir dort den
accelerando poco a poco
Mar.
Hochmut, so schau' ihn Dir von rück - wärts an: da wirst was
Bar.
Lan - gen an, den blon - den,
cresc.

69
Sophie.
Möcht' wis - sen, was ich da schon sehen werd'
Mar.
sehn, was Dir schon gefallen wird.
Bar.
hin-ten dort. Ich will ihn nicht mit Fin - gern wei - sen, a-ber er
3
mf
p
sfz
sfz
mf
sfz
sfz
Marianne (ihr nachspottend)
Möcht' wis - sen, was ich da schon sehen werd'! Daß es ein
Bar.
sticht wohl hervor durch ei - ne a-de-li-ge Con - te-nan - ce.
sfz
sfz
cresc.
sfz
sfz
70
Mar.
kai - ser-li - cher Käm - me - rer ist, den dir dein Schutz-pa-tron als
Bar.
Ist a - ber ein ganz be - son - drer Kerl
3
fp

Mar.
Herrn Ge - mahl spen - diert hat. Das kannst' sehn mit ei - nem
Bar.
Sagt nichts, weil ich der Va - ter bin, hat's a - ber
cresc.
ff
71
(Der Haushofmeister tritt verbindlich auf die Lerchenauschen Leute zu und führt sie ab. Desgleichen tritt die Faninal'sche
Blick.
Metr. ♩ = 116
faustdick hin - ter den Oh - ren.
f
ff
Livree ab, bis auf zwei, welche Wein und Süßigkeiten servieren.)
Faninal (zum Baron)
Be - lie - ben jetzt viel - leicht
dim.
p

72
Fan.
ist ein al - ter To - kai - er.
Baron. (frei im Zeitmaß, aber nicht im Rythmus)
Brav, Fa-ni-nal, Er
tempo primo, Moderato
cresc.
fp
Bar.
weiß, was sich gehört. Ser-viert ei-nen al-ten To-kai-er zu ei-nem jungen Mä-del.
p
Ich bin mit ihm zu-frie - den.
ritard.
sfz
dim.
73
(zu Octavian)
Mußt de-nen Ba-ga-tell - a - de-li-gen im-mer zei-gen, daß nicht
Tempo primo. ♩= 88
pp

Bar.
— für un - sresgleichen sich an-sehn dür-fen, muß immer was von He-
espr.
74 Octavian (spitzig)
Ich muß Dei-ne Lieb - den sehr be - wun-dern. Hast
Bar.
rab-las - sung dabei sein.
pp
fp
mf
Oct.
wahr - haft gro - ße Welt - ma-nie-ren. Könnt'st ei-nen Am-bas-sa - deur vor-stel-len
poco f
p
pp
Oct.
heut o-der mor-gen.
Baron (derb)
Ich hol' mir jetzt das Mä-del her.
mf

75
(Baron geht hinüber, nimmt Sophie bei der Hand, führt sie mit sich.)
Bar.
Soll uns jetzt Kon-ver-sa-tion vor machen, da-mit ich
f
pp
seh, wie sie beschlagen ist. Eh bien! Nun plauder' Sie uns eins,
Etwas gemessener. (un poco più lento)
grazioso
Metr. ♩ = 84
p
(Baron setzt sich, will sie halb auf seinen Schoß ziehen.)
mir und dem Vet-ter Ta-verl. Sag' Sie her-aus, auf was Sie sich halt in der Eh'
Sophie (entzieht sich ihm)
76
Wo denkt Er hin?
(behaglich)
am mei-sten freut. Pah! Wo ich
mf

Bar.
hin denk? Komm Sie da ganz nah zu mir, dann will ich Ihr er-
espr.
6
p
pp
mf
p
(gleiches Spiel, Sophie entzieht sich ihm heftiger)
zäh-len, wo ich hindenk'. Wär' ihr leicht prä-fe-
3
6
pp
(behaglich)
ra-bel, daß man gegen Ih-rer den Ce-re-mo-nien-mei-ster sollt' her-
77
vor-tun? Mit „mill par-don" und „dé-vo-tion" und „Geh da weg"
mf
sfz
f

Sophie.
Wahr-haf-tig und ja
ge-fie-le mir das
bes-ser!
Bar.
und „hab' Respeckt?"
più mosso
f
78
Baron (lachend)
Mir
auch nicht!
Da sieht Sie!
poco calando
fp
Faninal (nachdem er Octavian den zweiten Stuhl angeboten hat, den dieser ablehnt.)
p
(für sich)
Wie ist mir denn!
Da sitzt
ein Ler-chenau und
Bar.
mir auch ganz und gar nicht!
Bin ei-ner
bie-dern
of-
-fen-her-zi-gen
a tempo
pp

Octavian (für sich)
(zornig)
Das ist ein Kerl, dem
Fan.
ka - - res-siert in Ehr-bar-keit mein
(stärker)
So-pherl, als wär' sie ihm schon
Baron.
Ga - lan - te - rie recht zu - ge - tan.
pp
79
Metr. 𝅗𝅥 = 96
Oct.
möcht' ich wo be-geg- nen mit meinem De-gen da, wo ihn kein Wachter schrei -
Fan.
an - ge-traut und da steht ein Ro-fra - no, grad' als
accel.
p
Sophie (zum Baron)
Ei, laß Er doch, wir sind nicht so vertraut!
Oct.
- en hört. Ja, das ist al-les was ich möcht'!
Fan.
müßt's so sein ein Graf Ro - fra - - no, sonsten nix, der
f
pp
Baron (zu Sophie)
Ge-
80
cresc.
ff

Fan.
Bru - der vom Mar - che - se O - berst - truch-seß.
Baron.
niert Sie sich leicht vor dem Vet - ter Ta - verl? Da hat Sie Un - recht.
tempo primo ♩= 84
fp
espr.
Baron.
Hör' Sie, in Pa - ris, wo doch die ho - he Schul' ist für Ma - nie - ren
grazioso
p
espr.
gra- zioso
mf
Baron.
gibts frei nichts, was un - ter jun - gen E - he - leu - ten ge - schieht wo - zu man nicht
81
Metr. ♩= 96
p
Octavian (wütend)
Daß ich das Manns-bild se - hen muß,
Baron.
Ein - la - dungen ließ er - gehn zum Zu - schau'n,

(Baron wird immer zärtlicher mit ihr, sie
Oct.
so frech so un - - - ver - schämt mit ihr.
Faninal (für sich)
Wär' nur die Mau-er da von Glas,
Baron.
ja an den Kö - nig sel - ber
82
dim.
p
weiß sich kaum zu helfen)
Oct.
Könnt'ich hin-aus und
Fan.
daß al-le bür-ger-li-chen Neid-ham - meln von Wien sie en fa - mil-le bei-sam-men so
cresc.
Oct.
fort von hier!
Fan.
sit - zen sehn! Da-für wollt' ich mein
Baron (zu Sophie)
Laß Sie die Flau-sen nur! Ge-hört doch jet - zo
f
f

Fan.
Baron.
Lerchenfelder Eckhaus geben, meiner Seel!
mir!
(zu Sophie)
Geht all's recht. Sei Sie
83
fp
gut!
Geht all's so wie am Schnürl!
mf
dim.
pp
(halb für sich, sie cajolierend)
Ganz meine Massen!
Schultern wie ein Henderl!
(mit dem Sänger)
84
un poco
pp
p
Hunds-mager noch — das macht nichts, aber weiß, weiß
slargando
espr.
pp

Baron.
legato
— mit ei-nem Glanz, wie ich ihn ä-sti-
a tempo, sehr frisch (con spirito)
Metr. 𝅗𝅥 = 116
pp
6
Baron.
mier! Ich hab' halt ja ein Ler-chen-au-isch'
6
6
(Sophie reißt sich los und stampft auf)
(vergnügt)
3
3
Baron.
Glück! Ist Sie ein rech-ter Ca-
sempre più animato
85
f
mf
8
f
(auf und ihr nach)
Baron.
pri-cen-schä-del! Steigt
6
6
3

(Octavian, in stummer Wut, zerdrückt das Glas, das er in der Hand hält und schmeißt die Scherben zu Boden.)

(Marianne läuft mit Grazie zu Octavian zurück, hebt die Scherben auf und raunt ihm mit Entzücken zu.)

Mar.
Der Herr Ba - ron!
Baron.
rü - ber. Könnt' mich mit Schmach-te - rei und Zärt - lich-keit nicht
mf
(colla parte!)
Sophie (scharf, ihm ins Gesicht)
Ich denk' nicht dran, daß ich Ihn glück-lich mach'!
Baron.
halb so glück-lich ma-chen, mei-ner Seel!
(gemütlich)
Sie
accelerando
87
Marianne (zu Faninal)
Ist recht ein fa - mi - liä - rer Mann, der Herr Ba -
Octavian (vor sich, blaß vor Zorn)
Hin-
Baron.
wird es tun, ob Sie da - ran wird
espr.
fp
6

Mar.
ron.
Man
de - lec - tiert sich, was er all's für
Oct.
aus, hin-aus und kein A - dieu!
Sonst
Baron.
den-ken o - der nicht.
(Indessen ist der Notar mit dem Schreiber eingetreten, eingeführt durch Faninal's Haushofmeister. Dieser mel-
fp
6
Mar.
Ein-fäl-le hat, der Herr Ba - ron.
Oct.
steh' ich nicht da-für, daß ich nicht was Ver-wirr - tes tu. Hin -
Faninal (zur Duenna)
Wär' nur die Mau-er da von Glas, daß al-le bür-ger-li-chen Neid-ham - meln von
det ihn dem Herrn von Faninal leise)
88
cresc.

(Faninal geht zum Notar nach rückwärt hin, spricht mit ihm und sieht einen vom Schreiber vorgehaltenen Actenfascikel durch.)

(recht gefühlvoll)
Baron.
-del? La la la la la — wie ich
90
(wiegend und sentimental gefühlvoll)
pp
Baron.
Dein Al-les — wer-de sein! Mit mir, mit
Ped.
Baron.
mir kei-ne Kam-mer Dir — zu klein, — oh-ne
91
Ped.
Baron.
mich, oh-ne mich je-der Tag — Dir so

92
Baron.
bang, mit mir, mit mir
frisch (con spirito)
p
f
93
Octavian (ohne hin zu sehen, und doch sieht er alles, was vorgeht)
Ich steh auf glüh'nden
(frech und plump)
Baron.
(Da er sie immer fester an sich
kei - ne Nacht dir zu lang, kei - ne Nacht dir zu lang
♩. = 60
p
Marianne (jetzt zu Sophie eilend)
Ist recht ein fa-mi-liä-rer Mann,
drückt, reißt sie sich los und stößt ihn heftig zurück)
Oct.
Koh - len! Ich fahr' aus mei-ner Haut!
Ich büß' in die-ser
f
sf
p

94
(krampfhaft in Sophie hineinredend)
Mar.
der Herr Ba - ron! Man de - lec - tiert sich, was er all's für Ein - fäll' hat,
Oct.
ei - nen Stund' all' mei - ne Sün - den ab.
Baron (für sich, sehr vergnügt)
Wahr - haf - tig und ja!
f
dim.
p
was er all's für Ein - fäll' hat! Der Herr Ba - ron, der Herr Ba -
Baron.
Ich hab' halt ein Ler - - - - che - nau - isch' Glück.
95
(Faninal und der Notar, hinter ihnen der Schreiber, sind an der linken Seite nach vorn gekommen.)
ron!
Gibt gar nichts auf der Welt, was mich so en - flammiert und al - so
p
p

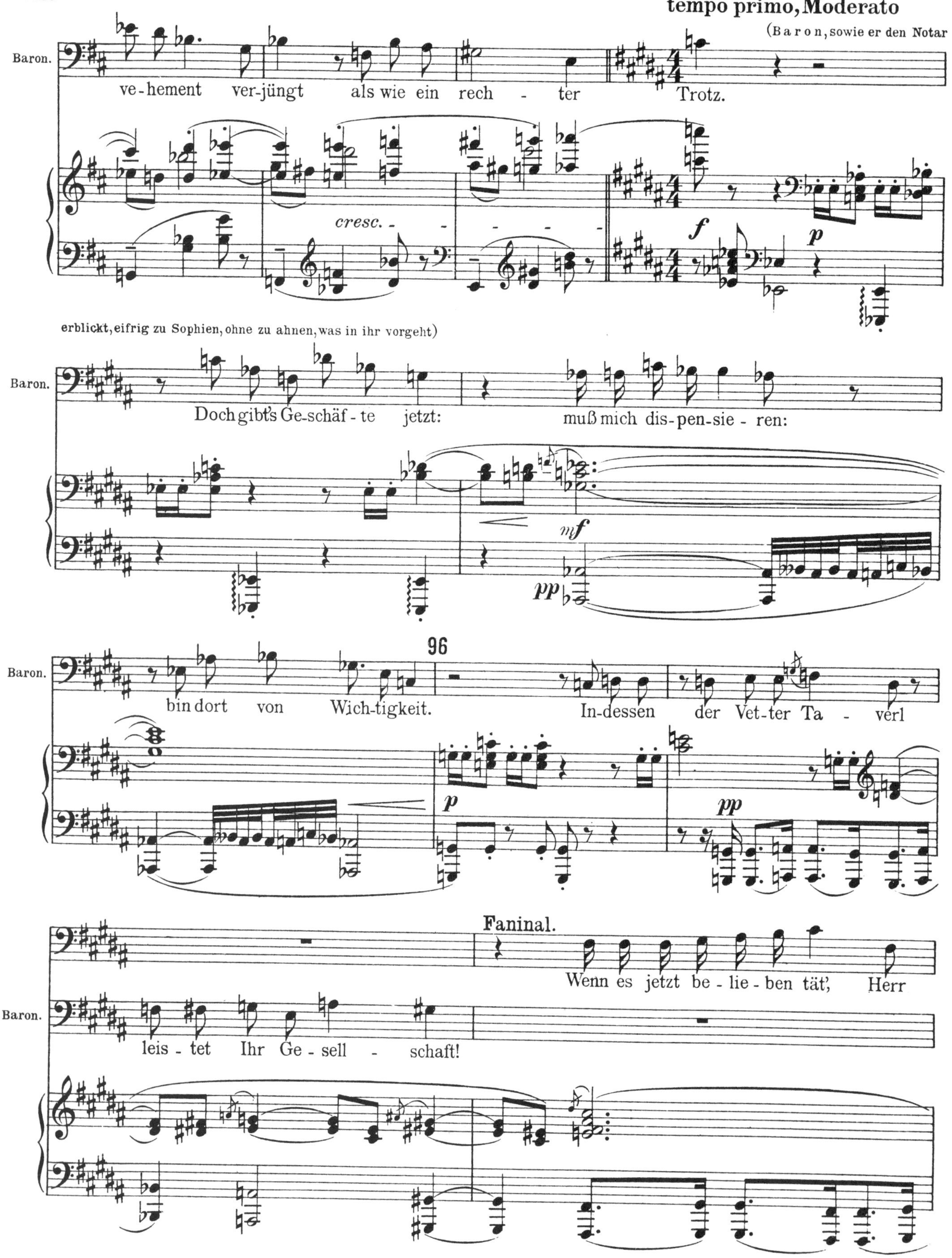
tempo primo, Moderato
(Baron, sowie er den Notar erblickt, eifrig zu Sophien, ohne zu ahnen, was in ihr vorgeht)
Baron.
ve-hement ver-jüngt als wie ein rech - ter Trotz.
cresc.
f
p
Doch gibt's Ge-schäf-te jetzt: muß mich dis-pen-sie-ren:
mf
pp
96
bin dort von Wich-tigkeit. In-dessen der Vet-ter Ta - verl
p
pp
Faninal.
Wenn es jetzt be-lie-ben tät', Herr
leis-tet Ihr Ge-sell - schaft!

Fan. Schwie-ger-sohn!

Baron. (eifrig) Na - tür - lich wird's be - lie - ben. (Im Vorbeigehen zu

97

Octavian, den er vertraulich anfaßt)

Baron. Hab' nichts da - wi - der, wenn Du ihr möch-test Äu-gerl ma - chen,

Metr. ♩= 88

p *pp*

Baron. Vet-ter, jetzt o - der künf - tig hin. Ist noch ein rech - ter Rühr nicht - an. Be -

Metr. ♩= 96

c.p. *p* *pp*

Baron. tracht's als för - derlich, je - mehr sie dé - gourdiert wird. Ist wie bei einem jun - gen,

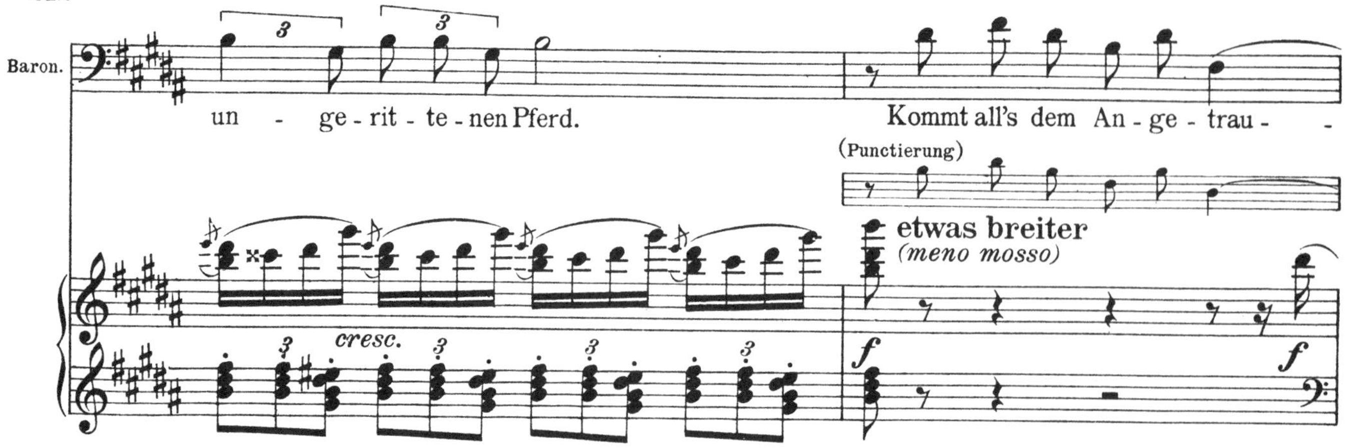

Baron.

un - ge-rit - te-nen Pferd. Kommt all's dem An - ge - trau -

(Punctierung)

etwas breiter
(meno mosso)

cresc.

f *f*

98

Baron.

- ten letz - - ter-dings zu - gut, wo - fern er sein eh'lich Pri - vi - le - gi - um

♩= 88

mf *f*

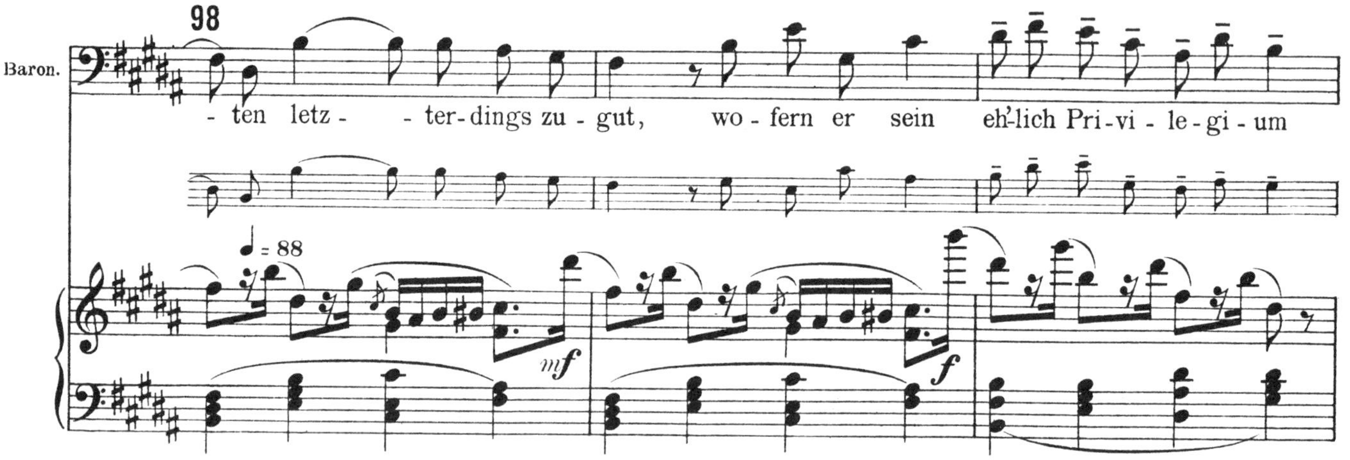

(Baron geht nach links. Der Diener, der den Notar einließ, hat indessen die Tür links geöffnet. Faninal und der Notar schicken sich an, hineinzugehen. Der Baron mißt Faninal mit dem Blick und bedeutet ihm, drei Schritte Distanz zu nehmen. Faninal tritt devot zurück.

Der Baron nimmt den Vortritt, vergewissert sich, daß Faninal drei Schritte Abstand hat, und geht gravitätisch durch die Türe links ab. Faninal hinter ihm, dann der Notar, dann der Schreiber. Der Bediente schließt die Tür links und geht ab, läßt aber die Flügeltür nach dem Vorsaal offen. Der

servierende Diener ist schon früher abgegangen.
Sophie rechts, steht verwirrt und beschämt. Duenna, neben ihr, knixt nach der Tür hin, bis sie sich schließt.)

101

(noch einen Schritt näher zu ihm)

Soph.: O mein Gott, daß Er mir halt hilft! Und Er wird mir nicht hel-fen wol-len, weil es halt sein Vet-ter ist.

(halblaut, schnell)

Oct.: Was ist's, daß Sie mich bit-ten möcht? Sag' Sie mir's schnell!

espr.

Metr. ♩. = 96

dim.

(heftig)

Oct.: Nenn' ihn Vet-ter aus Höf - lichkeit; Gott sei Lob und Dank, hab' ihn im Le - ben vor dem

accelerando

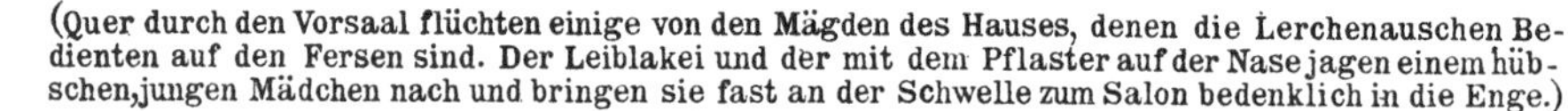
102
(Quer durch den Vorsaal flüchten einige von den Mägden des Hauses, denen die Lerchenauschen Bedienten auf den Fersen sind. Der Leiblakei und der mit dem Pflaster auf der Nase jagen einem hübschen, jungen Mädchen nach und bringen sie fast an der Schwelle zum Salon bedenklich in die Enge.)

Faninals Haushofmeister. 103

Die Ler - chenau'-schen sind vol-ler

Fan. Hhfmtr.

Branntwein ge-sof-fen und gehn auf's Ge - sin - de los, zwan-zig - mal är-ger als

mf *p* *f* *p*

104 **Marianne.**

Hol Er von un-se-ren

Fan. Hhfmtr.

Tür - ken und Cro - a - - ten.

p *cresc.* *f*

(läuft ab mit dem Haushofmeister; sie entreißen den beiden Zudringlichen ihre Beute und führen das Mädchen ab; alles verliert sich, der Vorsaal bleibt leer)

Mar.

Leu - ten, wo sind denn die?

p *cresc.* *f*

105
106
107
l.H.
108
Sophie (nun, da sie unbeobachtet ist, mit freier Stimme)
sehr fließend im Zeitmaß.
(molto scioltamente)
Metr. 𝅗𝅥. = 104
Zu Ihm hätt'
Soph.
ich ein Zu - traun, mon cou - sin,
ff
dim.
p
espr.
pp

109
Soph.
so wie zu Nie - mand auf der Welt, daß Er mir könn-te hel-fen, wenn Er
espr.
Soph.
nur den gu-ten Wil-len hätt'!
Octavian.
Erst muß Sie sich sel - ber helfen, dann hilf ich Ihr
allmählich immer fließender
(poco a poco sempre più mosso)
espr.
mf
p
110
Oct.
auch. Tu Sie das erst für sich, dann tu ich was für
f
p
Sophie.
111
(zutraulich, fast zärtlich)
Was ist denn das, was
Oct.
Sie.
mf
dim.
p
pp

Soph.
ich zu - - - erst muß tun?
Oct.
(leise)
Das wird Sie wohl
espr.
p
112 Sophie (den Blick unverwandt auf ihn)
Soph.
Und was ist das, was Er für mich will tun, nun sag Er mir's!
Oct.
wis - sen!
pp
espr.
Oct.
(entschlossen)
Nun muß Sie ganz al - lein für uns zwei ein - - steh'n!
113
p
espr.
fp
espr.
Sophie.
Wie, für uns zwei? O sag' Er's noch ein - mal!
(mit hingegebenem Entzücken)
Ich hab' im
Oct.
(leise)
Für uns zwei!
pp

Soph.
Le-ben so was schö - - - - - -nes nicht ge-hört!
accelerando
pp cresc.
mf
f
114
Octavian (stärker)
Tempo I.
Für sich und mich muß Sie sich weh - ren und blei-ben....
Blei -
p
ritenuto a tempo, etwas ruhiger als vorher
(un poco più tranquillo)
115
ben?
Oct.
was Sie ist.
(Sophie nimmt seine Hand, beugt
Metr. ♩. = 88.
f
fp
sich darüber, küßt sie schnell, eh er sie ihr entziehen kann; er küßt sie auf den Mund)
espr.

*) Dieser ganze Zwiegesang fast durchgehends im Charakter eines zärtlichen Mezza voce, mit genauer Innehaltung der vorgeschriebenen Dynamik, besonders des *p* u. *pp*.

* This entire duet should have the character almost throughout of a gentle mezza voce, maintaining precisely the written dynamics, particularly the *p* and *pp*.

119
Soph.
kann mich nichts Häß-li-ches er-schrek-ken. Da blei-ben möcht' ich,
Oct.
Ihr ar-mes Herz ist ganz ver-zagt. Und ich muß jetzt
Soph.
da! und schwei-gen und, was mir auch ge-scheh', ge-
Oct.
als Ih-ren Freund mich zei-gen und weiß noch gar nicht, wie!
120 Metr. ♩. = 100
Soph.
bor-gen wie der Vo-gel in den Zwei-gen still-steh'n und spü-ren:
Oct.
Mir ist so se-lig, so ei-gen, daß ich Dich
pp
p
pp
pespr.
dim.
espr.
cresc.
f
pp subito

Soph.
Oct.
f
dim.
p
121
p
Er, Er ist in der Näh! Mir müß-te angst und bang
hal - ten darf: Gib Ant - - wort, a-ber gib sie mit
f subito
p
espr.
pp
im Her - - - - - zen sein, statt des-sen fühl' ich nur Freud und
Schwei - - gen: Bist Du von sel-ber so zu
cresc.
pp subito
Se-lig-keit und kei - - - - - ne Pein, ich
mir ge - kom - men? Ja, o-der Nein? Ja, o-der
mf

122
Soph.
könnt' es nicht mit Wor-ten sa-gen! Hab ich was Un-rech-tes ge-
Oct.
Nein? Du mußt es nicht mit Wor-ten sa-gen
pp subito
Soph.
tan? Ich war halt in der
cresc.
Oct.
hast Du es gern ge-tan? Sag'
cresc.
p
cresc.
(Aus den geheimen
tempo primo,
123
Soph.
Not Da war Er mir nah'!
f
Oct.
o-der nur aus Not? Nur aus Not so
f
p
etwas breit (un poco allargando)
f

Türen in den rückwärtigen Ecken gleiten links Valzacchi, rechts Annina lautlos spähend heraus. —

125
Soph.
mir. Bleib' Du nur bei mir,
Oct.
war? Spürst Du's wie ich? Sag': spürst Du's
sempre più moto poco a poco
p
126
Soph.
o bleib' bei mir. Er muß mir Sei-nen Schutz ver-gön-nen,
Oct.
so wie ich? Mein Herz und
cresc.
pp
p
espr.
(In diesem Augenblick sind die
Soph.
was Er will, werd' ich kön - - nen: bleib nur Er bei
cresc.
f
Oct.
Seel' wird bei Ihr blei - ben, wo Sie geht und
f
cresc.
f

Italiener dicht hinter ihnen, sie ducken sich hinter den Lehnsesseln)

127

Soph.: mir! Er muß mir Sei-nen Schutz ver-gön-nen, was Er wird

Oct.: steht. Mein Herz und Seel'

ancora più animato

Soph.: wol-len, werd' ich kön-nen bleib' Er nur, bleib'

128 ♩. = 100.

Oct.: wird bei Ihr blei-ben, wo Sie geht und steht, bis in

129

(Jetzt springen die beiden Italiener hervor, Annina packt Sophie, Valzacchi faßt Octavian.)

Metr. 𝅗𝅥 = 92.

Soph.: Er, bleib' Er nur bei mir.

Oct.: al-le E-wig-keit.

Sehr schnell. *(Allegro molto.)*

Annina (schreiend)
Herr Ba-ron von Ler-che-nau, Herr Ba-ron von Ler-che-nau!
Valzacchi (schreiend)
Herr Ba-ron von Ler-chenau, Herr Ba-ron von Ler-chenau!
130
(Octavian springt
Ann.
Herr Ba-ron von Ler- - - che - nau!
Valz.
Herr Ba - ron von Ler- - - che - nau!
zur Seite nach rechts)
(Valzacchi, der Mühe hat, ihn zu halten, atemlos zu Annina)
Valz.
Lauf' und ol' sei-ne Gna - de. Snell, nur

Annina.
131
Laß ich die Fräu - lein aus,
Valz.
snell!
Ik muß 'al - ten die - se 'err!
sfz
mf
fp
Ann.
lauft sie mir weg!
Herr Ba - ron von
Valz.
Herr Ba - ron von Ler - che - nau!
cresc.
f
Ann.
Ler - che - nau!
Valz.
Komm, zu seh'n die Fräu - lein Braut,
mit ei - ne jun - ge Ca - va -
p
ffp
p

132
Ann.
Valz.
Kom-men
lier!
Kom-men ei-lig, kom-men
cresc.
p marc.
(Der Baron tritt aus der Tür links, die Italiener lassen
ei-lig, kom-men hier, kom-men ei-lig, kom-men hier!
hier, kom-men ei-lig, kom-men hier!
cresc.
ihre Opfer los, springen zur Seite, verneigen sich vor dem Baron mit vielsagender Gebärde.)
133
Ec-co!
Ec-co!
Doppelt so langsam.
(mezzo tempo)
ff
fff
f

(Der Baron, die Arme über die Brust gekreuzt, betrachtet sich die Gruppe.)
(Unheilschwangere Pause. Sophie schmiegt sich ängstlich an Octavian.)
mf
dim.
cresc.
f
p
f
dim.
Baron.
134
Eh bien, Mamsell,
was hat Sie mir zu sa-gen?
p
fp
f
f
(Sophie schweigt.)
(Baron, der durchaus nicht außer Fassung ist.)
Baron.
Nun, re-sol-vier' Sie sich!
f
sfz
mf
p
ff
dim.
Sophie.
Mein Gott, was soll ich sa-gen:
Er wird mich nicht ver-steh'n!
p
p
f
dim.
p
mf

135
Octavian (einen Schritt auf den Baron zu).
Eu - er Lieb - den muß ich halt ver-
Baron (gemütlich).
Das wer-den wir ja seh'n.
Etwas bewegter. Metr. ♩= 100
un poco più mosso
Oct.
mel - den, daß sich in sei - ner An - ge - le - genheit was Wich - ti - ges ver-
136
Oct.
än-dert hat.
Da-rum soll Er es
Baron (gemütlich).
Ver - än-dert? Ei, nicht, daß ich wüßt'!
dim.
poco f

137
Oct.
jetzt erfah - - ren!
Die Fräulein....
Baron.
Ei, Er ist nicht faul!
pp
p
Baron.
Er weiß zu pro - fi - tie - ren mit sei - nen sieb - zehn
espr.
p
138
Octavian.
Die Fräu - lein....
Baron.
Jahr! Ich muß ihm gra - tu - lie - ren! Ist mir or - dent - lich, ich seh'mich
dim.
pp
espr.
p
Baron.
sel - ber! Muß la - chen ü - ber den Fi - lou, den pu - del - jun - gen!
espr.
f
p

139
Octavian.
Die Fräulein....
Baron.
Ei, Sie ist wohl stumm und hat Ihn
allmählich fließender
(poco a poco più mosso)
pp
f
p
fp
Oct.
140
die Fräu - lein....
Baron.
an - gestellt für Ih-ren Ad-vo - ka-ten!
espr.
Sophie (angstvoll).
Nein, nein, ich bring' den Mund nicht auf,
(Octavian hält abermals inne, wie um Sophie sprechen zu lassen.)
poco accelerando

141
Soph.
sprech Er für mich!
Octavian (entschlossen).
Die Fräu - lein –
Baron (ihm nachspottend).
Die Fräu - lein!
cresc.
mf
Baron.
Metr. 𝅗𝅥 = 112
Die Fräu-lein, die Fräu-lein, die Fräu-lein!
ist ei - ne Kreu - zer-ko -
p
cresc.
f
Baron.
mö - di, wahr - haf-tig!
jetzt e - cha-pier Er sich,
dim.
p
Octavian (sehr bestimmt).
142
die Fräulein,
kurz und gut,
Baron.
sonst reißt mir die Ge - duld.
cresc.
f

Oct.
die Fräulein mag Ihn nicht.
Baron.
Sei Er da außer Sorg'! Wird schon ler - - - nen, mich
Tempo primo, moderato mosso. Metr. ♩ = 100
ff
fp
143
(auf Sophie zu)
Baron.
mö-gen. Komm' Sie da jetzt hi - nein, wird gleich an Ih - rer sein,
Sophie (zurücktretend).
Um kei - nen Preis geh'
Octavian (der jetzt zwischen den beiden andern und der Tür links steht, sehr scharf).
Ver - steht Er Deutsch?
Baron.
die Un - - - ter-schrift zu ge - ben.
espr.
cresc.
espr.

144
Soph.
ich an Sei - - - ner Hand hi - nein! Wie
Oct.
Das Fräu - - - lein hat sich re - sol-
fp
Soph.
kann ein Ca-va-lier so oh-ne Zartheit sein!
Oct.
viert; sie will Eu-er Gna-den un - ge - hei - rath' las-sen in Zeit und
Baron.
Man-
cresc.
145
Oct.
E - wigkeit!
(mit der Miene eines, der es eilig hat)
Baron.
ca - ri! Jung - fern-red! ist nicht ge - haun und nicht ge -
Metr. 𝅗𝅥 = 116
p
stacc.

(nimmt sie bei der Hand)
Baron.
sto-chen. Ver- -laub Sie jetzt!
mf
sfz
p
146
Octavian (sich breit vor die Tür stellend).
Wenn nur so viel in Ihm ist von ei-nem Ca-va-lier, so wird Ihm wohl ge-
f
p
Ped.
Oct.
nü-gen, was Er g'hört hat von mir.
147
Baron (tut, als hört er ihn nicht, zu Sophie).
Gra-tu-lier' Sie sich
Baron.
nur, daß ich ein Aug' zu-drück'! Da-ran mag Sie er-

Octavian (schlägt an seinen Degen).
Baron.
Wird doch wohl ein
ken - nen, was ein Ca - va - lier ist!
(Er macht Miene, mit
accelerando
mf
f
148
Oct.
(losbrechend)
Mit - tel ge - ben sei - nes glei - chen zu be - deu - ten!
Ich acht' Ihn mit
ihr an Octavian vorbeizukommen.)
Ei, schwerlich, wüß - te nicht!
p
f
Tempo primo, etwas gemessen (un poco meno mosso)
nich - ten für ei - nen Ca - va - lier.
(Er läßt Sophie nicht los und schiebt sie gegen die Tür vor.)
(mit Grandezza)
Wahr -
Metr. ♩ = 88
dim.
fp

Baron.
haf - tig, wüßt ich nicht, daß Er mich re - spek - - tiert, und
sfz
p
Baron.
wär' Er nicht ver-wandt, es wär' mir jet - zo schwer,
149
(Er macht Miene, Sophie mit schein-
sfz
cresc.
barer Unbefangenheit gegen die Mitteltür zu führen, nachdem die beiden Italiener ihm lebhafte Zeichen gegeben haben, diesen
Baron.
daß ich— mit Ihm—
sfz
mf
p
Weg zu nehmen.)
Baron.
nicht ü - ber - ein - an - der käm'! Komm Sie! Geh'n zum Herrn
cresc.
f
p
f

150 Octavian.
Ich hoff', Er kommt viel-
Baron
Va-ter dort hin-ü-ber! Ist be-reits der nä-he-re Weg!
Sehr lebhaft (vivace) Metr. ♩=144
Oct.
mehr jetzt mit mir hin-ter's Haus, ist dort ein recht be-que-mer
Oct.
Gar-ten.
Baron (setzt seinen Weg fort, mit gespielter Unbefangenheit Sophie an der Hand nach jener Richtung zu führen bestrebt).
(über die Schulter zurück)
Be-wah-re, wär' mir je-tzo nicht ge-nehm. Laß um Alls den No-
(faßt ihn am Ärmel)
151
Oct.
Beim
Baron
ta-ri nicht war-ten. Wär' gar ein Af-front für die Jung-fer Braut.
cresc.

Oct.
Sa-tan, Er hat ei-ne dik-ke Haut! Auch dort die Tür passiert Er mir
fp
cresc.
f
Ped.
(Sophie hat sich vom Baron losgerissen und ist hinter Octavian zurückgesprungen. Sie stehen links, ziemlich vor der Tür.)
152
nicht! Ich schrei's Ihm jetzt in sein Ge-sicht: Ich acht' Ihn für ei-nen Fi-lou, ei-nen
Mit-gift-jä-ger, ei-nen durch trie-benen Lüg-ner und schmutzigen Bau-er,
p
153
einen Kerl ohne An-stand und Ehr'! Und wenn's sein muß, geb' ich Ihm auf dem Fleck die
Baron (steckt zwei Finger in den Mund und tut einen gellenden Pfiff.)
Was
mf

154 Sehr lebhaft 𝅗𝅥. = 𝅗𝅥 des ¢ (Allegro molto) (aber schneller nicht, als der Sänger jedes Wort deutlich aussprechen kann)
Metr. 𝅗𝅥. = 72
Oct.
Lehr!
Baron
so ein Bub' in Wien mit sieb-zehn Jahr schon für ein vor-laut' Mund-werk hat.
p
pp
(Er sieht sich nach der Mitteltür um)
Baron
Doch Gott sei Lob, man kennt in hie-si-ger
p
155
(Die Lerchenau'sche
Baron
Stadt den Mann, der vor Ihm steht, halt bis hin-auf zu kai-
mf
p
Livree ist vollzählig in der Mitteltür aufmarschiert; der Baron vergewissert sich dessen durch einen neuen Blick nach rückwärts)
Baron
-ser-li-cher Ma-je-stät! Man ist halt, was man ist, und braucht's
cresc.
mf
dim
p
dim.
pp

156
Baron
nicht zu be - wei - sen. Das laß' Er sich ge - sagt sein und geb' mir den
p
mf
(Der Baron rückt jetzt gegen Sophie und Octavian vor, entschlossen, sich Sophiens und des Ausganges zu bemächtigen)
Baron
Weg da frei. Wär' mir wahr - haf - tig leid, wenn meine Leut' da
f
p
157 Octavian (wütend)
Ah, un - ter - steh' Er sich, sei - ne Be - dien - ten hi - nein - - zu -
Baron
hin - ten...
f
f
Oct.
mi - schen in un - sern Streit. Jetzt zieh' Er o - der gnad' Ihm
ff

(Die Lerchenau'schen, die schon einige Schritte vorgerückt waren, werden durch diesen Anblick einigermaßen unschlüssig und stellen ihren Vormarsch ein.)
158
Sophie.
Ach Gott! Was wird denn jetzt ge - scheh'n?
Oct.
Gott!
(er zieht)
(Der Baron tut einen Schritt, sich Sophiens zu bemächtigen.)
(schreit ihn an)
Zum Sa - tan,
Sehr schnell
(vivace)
Metr. 𝅗𝅥. = 84
f
p
mf
Oct.
zieh' Er, o - der ich stech' Ihn nie - der!
159
Baron (retiriert etwas)
Vor ei - ner
cresc.
f
(Octavian fährt wütend auf ihn
Baron
Da - me, pfui! So sei Er doch ge - scheit!
p
f
(Die Lerchenau'schen stürzen vor)
los. Baron zieht, fällt ungeschickt aus und hat schon die Spitze von Octavians Degen im Oberarm)
(Die Diener stürzen alle zugleich auf Octavian los.
sfz

Dieser springt nach rechts hinüber und hält sie sich vom Leib, indem er seinen Degen blitzschnell um sich kreisen läßt. Der Almosenier, Valzacchi und Annina eilen auf den Baron zu, den sie stützen und auf einen der Stühle in der Mitte niederlassen.)

Baron
hi - tzig' Blut! Um Ärzt'! Um
163
Lein - wand! Ver - band her! Um Po-li - zei! Um Po-li -
mf
f
zei! Ich ver - blut' mich auf eins, zwei, drei!
p
cresc.
164
Auf-hal-ten den! Um Po-li - zei! Um Po-li -
Die Lerchenau'schen (indem sie mit mehr Ostentation als Entschlossenheit auf Octavian eindringen)
Den haut's z'samm!
poco f
cresc.
fp
mf
f

(Die sämtliche Faninalsche Dienerschaft, auch das weibliche Haus-
165
Baron
zei! Um Po-li - zei!
Die Lerch.
Den haut's z'samm! Spinnwebher, Feu-er-schwamm! Reißt's ihm den
mf
f
mf
gesinde, Küchenpersonal, Stallpagen sind zur Mitteltür hereingeströmt.)
Annina (auf die Dienerschaft zu, haranguirend)
166
Der jun-ge Ca-va-
Die Lerch.
Spa - di weg! Schlagt's ihn tot auf' m Fleck!
cresc.
f
p
(Valzacchi und der Almosenier ziehen dem Baron, der fortwährend stöhnt, seinen Rock aus)
Annina
lier und die Fräulein Braut, ver - steht's? Wa - ren im Ge-
Alt
Faninals Dienerschaft.
G'sto - chen is ei - ner?
Tenor
G'sto-chen is ei - ner? Wer? Der dort?
Baß
G'sto-chen is ei - ner? Wer? Der dort?
p
cresc.

167
Sophie (links vorn)
Al - - - les geht
Annina
hei - men schon recht ver-traut, ver - steht's?
Sopran
p
G'sto - chen is ei - ner? Wer?
Alt
G'sto - chen is ei - ner? Wer? der frem - de Herr?
Tenor
p
G'sto-chen is ei - ner?
Faninals Dienerschaft
167
mf
f
168
Sophie
durch - ein - nand! Furcht - - - - -
Annina
Der jun - ge Ca - va - lier und die Fräul'n Braut!
Sopran
Der dort? Der frem - de Herr?
Alt
mf
Wel - - cher? Der Bräu - ti-gam?
Tenor
Der frem - de Herr?
Baß
mf
Wel - - cher? Der Bräu - ti - gam?
Faninals Dienerschaft
168
f
p
cresc.

169
Sophie
bar war's wie ein Blitz, wie er's er - zwun - gen
Octavian (indem er sich seine Angreifer vom Leibe hält)
Wer mir zu nah kommt,
Faninals Dienerschaft
Packt's den Du - el - lan - ten z'samm!
Packt's den Du - el - lan - ten z'samm!
Packt's den Du - el - lan - ten z'samm!
Wel - cher ist der Du - el - lant?
169
cresc.
Sophie
hat! Ich spür' nur
Oct.
der lernt be - ten! Was da pas - siert ist, kann ich ver -
Faninals Dienerschaft
Wer? Der dort im wei - ßen
Der dort im wei - ßen G'wand? Ja, im
Der, der dort im wei - ßen
Wer is der Du - el -

170

Sophie: sei - ne Hand, die mich um - schlun - gen

Oct.: tre - - - - - ten!

Faninals Dienerschaft: G'wand? Der dort im wei - ßen G'wand?
wei - ßen G'wand.
G'wand. Der dort im wei - ßen G'wand.
lant? Wer is der Du - el - lant?

170

(Die Lerchenau'schen haben von Octavian abgelassen und gehen auf die ihnen zunächst stehenden Mägde handgreiflich los)

171

Sophie: hat! Ich ver - spür' nichts von Angst, ich ver - spür nichts von

Die Lerchenau'schen.
Leinwand her! Ver - band ma - chen!

Faninals Dienerschaft: Der
Der Ro - sen-ka-va-
Der Ro - sen-ka-va - lier?
Wer? Der Ro - - - - sen-ka-va - lier?

171

172
Sophie
Schmerz, nur das Feu - er, sei-nen Blick durch und
Die Lerch.
Fe - tzen aus' m G'wand ma-chen!
Faninals Dienerschaft
Ro - sen-ka-va - lier!
Der Ro-sen-ka-va -
lier, der Ro - sen-ka-va - lier!
Der Ro-sen-ka-va -
Der Ro-sen-ka-va - lier, der Ro-sen-ka-va -
Der
cresc.
172
173
Sophie
durch, bis in's Herz!
Die Lerch.
Vor - wärts, kei - ne Span-po -
Faninals Dienerschaft
lier. We-gen was denn?
lier. We-gen was denn?
lier. We-gen
Ro - sen - ka - va - lier. We-gen ihr!

(Die Duenna bahnt sich den Weg auf den Baron zu; alle umgeben ihn in dichten Gruppen)

Duenna
So ein fe - scher Herr! So ein groß Mal-
Baron
sehn, blos das mei - - nig nicht!
Die Lerch.
ff (ganz wild)
Lein - - - wand her!
Faninals Dienerschaft
ff
An - ge-packt!
ff
An - ge-packt!
mf
We-gen der Lieb - - schaft!
ff
An - ge-packt, an - ge-packt! Nie - - der g'haut!
mf
We-gen der Lieb - - schaft!
ff
An - ge-packt! Nie - - der g'haut!
cresc.
𝅗𝅥. = 84
ff
f

175
Sophie
(Octavian verzweifelt zurufend)
Lieb - -
Octavian
(Sophie verzweifelt zurufend)
Lieb - -
Duenna
heur! So ein schwerer Schlag! So ein Un - -
Faninals Dienerschaft
Nie - der g'haut! Schaut's nur die Fräu-lein an, schaut's, wie sie blaß is! G'sto-chen der
Nie - der g'haut! Schaut's nur die Fräu-lein an, schaut's, wie sie blaß is! G'sto-chen der
nie - der g'haut! Schaut's nur die Fräu-lein an, schaut's, wie sie blaß is! G'sto-chen der
Wü - ten-der Haß is, wü - ten - der Haß is! An - ge - packt,
175
ff

(Faninal kommt zur Tür links hereingestürzt, hinter ihm der Notar und der Schreiber, die in der Tür ängstlich stehen bleiben.)
Noch etwas schneller
176 Metr. 𝅗𝅥. = 92
Sophie
- - - - - ster!
Oct.
- - - - - ste!
Duenna
- - glücks - - tag!
Annina (links vorn, knixend und eifrig zu Faninal herüber)
Der jun - ge Ca-va - lier und die
Faninals Dienerschaft
Bräu - ti - gam, g'sto - chen der Bräu - ti - gam! Nie - der g'haut!
Bräu - ti - gam, g'sto - chen der Bräu - ti - gam! Nie - der g'haut!
Bräu - ti - gam, g'sto - chen der Bräu - ti - gam! An - - ge-packt!
nie - der - g'haut, an - ge - packt, nie - der - g'haut! Nie - der g'haut!
Noch etwas schneller
(ancora un poco più mosso)
176
f
fp

Duenna
So ein groß mal - heur!
Annina
Fräu - - lein Braut, Gna - den, wa - ren im Ge - hei - men schon recht ver - traut
Baron (stöhnend)
(Die Lerchenau'schen machen Miene, sich der Gewänder der jüngeren und hübscheren Mägde zu bemächtigen, Handgemenge, bis Faninal beginnt)
oh,
espr.
Duenna
So ein Un - glücks -
Annina
Gna - den! Wir vol - ler Ei - fer für'n Herrn Ba - ron Gna - den, ha - ben sie be -
(die Duenna anschreiend)
Baron
oh! oh, oh! So tu Sie doch was ge - scheidt's, so
sempre p

(Die Duenna stürzt fort und kommt nach kurzer Zeit, atemlos zurück, beladen mit Leinwand; hinter ihr zwei Mägde mit Schwamm und Wasserbek-

ken. Sie umgeben den Baron mit eifriger Hilfeleistung. Sophie ist, wie sie ihres Vaters ansichtig wird, nach rechts vorn hinübergelaufen, steht neben Octavian, der nun seinen Degen einsteckt.)

Fan.

Mein Herr und Hei - land! Daß Ihm in mein' Pa - lais das hat pas -

sfz p mf f

178

Fan.

sie - - ren müs - sen! Ge - lau - fen um den Me - di - cus!

sfz 8 sfz mf f

Ped. *

Fan.
179
Ge - flo - - - gen! Mei-ne zehn teu-ren Pferd' zu
dim.
Fan.
Tod gehetzt! Ja, hat denn Nie-mand von mei-ner Li-vree da - zwi-schen fah-ren
Fan.
180
mö-gen?! Füttr' ich da - für ein Schock baum-lan-ge Lak-keln, daß mir sol-
Fan.
che Schand' pas-sie - ren muß in mei-nem neu-chen Stadt - - -

181 (auf Octavian zu) (mit unterdrücktem Zorn)

Fan.
- - - - - - pa- lais? Hätt' wohl von Eu- er Lieb- den ei- nes

(zum Baron hin)

Fan.
an- d'ren An- stand's mich ver- selin!

Baron (stöhnend)
Oh, oh!

♩. = 88

182

Fan.
Oh, um das schö- - ne frei- - herr- - li- che

Baron
Oh, oh!

Fan.
Blut, was auf den Bo- - - - - - - - den

183
(gegen Octavian hin)
Fan.
rinnt!
O pfui! so ei - ne
Baron
oh, oh!
Oh, oh!
fp
f
fp
f
fp
Fan
or - - di - nä - - re Metz - - ge - rei.
184
Baron
Hab' halt so ein
mf
f
Ped.
Baron
jung' und hit - - zig' Blut.
Ist nicht zum Stil-len!
185
p
f
p
f

Faninal.
(auf Octavian losgehend)
(verbissen)
(heftig)
War mir von Eu-er Lieb-den hoch-gräf - li-chen Ge - gen-wart all-hier wahr-
Baron
Oh!
(abnehmend) Oh!
Oh!
pp
p
186
Octavian (höflich)
Er muß mich par-don-
Fan.
haf-tig ei-ner an-dern Freud' ge - wär - tig.
Metr. 𝅗𝅥. = 80
etwas ruhiger (poco calmato)
espr.
f
mf
f
p
Ped.
187
Oct.
nie - ren. Bin au-ßer Ma - ßen sehr be - trübt ü - - ber den Vor - fall.
mf
dim.
pp
Oct.
Bin a-ber au-ßer Schuld. Zu ei-ner mehr ge - le - ge-nen Zeit er -

Oct.
fah-ren Eu-ren Lieb-den wohl den Her-gang aus Ih - - rer Fräu -
pp
188
Oct.
- lein Toch - ter Mund.
Faninal
(sich mühsam beherrschend) Da möcht' ich recht sehr bit - ten!
p
pp
Sophie (entschlossen)
Wie Sie be - feh - len, Va - ter. Werd' Ih-nen Al - - - - les
allmählich etwas fließender
poco a poco più mosso
p
pp
189
Sophie
sa - gen. Der Herr dort hat sich nicht so,
p
pp

Sophie
wie er sollt', be-tra-gen.
Faninal (zornig)
Ei, von wem redt' Sie da? Von Ih-rem Herrn Zu-künft'-gen?
p
pp
p
p
Sophie 190 (ruhig.)
Ist nicht der Fall. Seh'
Fan.
Ich will nicht hof-fen, wär' mir kei-ne Ma-nier.
cresc.
pp
Sophie
ihn mit nich-ten an da-für.
191
Nicht mehr.
(immer zorniger)
Fan.
Sieht ihn nicht an?
mf
dim.

poco ritard.
192
Sophie
Bitt' Sie da - für um gnä - - di - gen Par - don!
poco ritard.
sempre più
pp
Faninal (zuerst dumpf vor sich hin)
Sieht ihn nicht an.
Nicht
tranquillo
ppp
p
193
Fan.
mehr.
Mich um Par - don!
Liegt dort ge -
pp
r.H.
dim.
(höhnisch)
(ausbrechend)
sto - chen.
Steht bei ihr.
Der Jun - ge.
Bla -
tempo primo
ritard.
piu tranquillo
schnell
(vivace)
fp

194

Fan.

ma - - - - - ge!

ritard.

8

f *p* *pp*

195

Fan.

Mir ___ aus-ein - an - der mei-ne Eh'. Al - le

acceler.

p

(allmählich in immer größerer Wut)

Fan.

Neidham-meln von der Wie - den und der Leimgruben auf! ___ in der

cresc.

196

Fan.

Höh'! Der Me - di - cus. Stirbt mir wo - mög - lich.

f *p*

(auf Sophie zu, in höchster Wut)
197
(Der Arzt tritt ein und begibt sich
sofort zum Baron, um ihn zu verbinden)
Fan.
Sie hei - rat' ihn! Möcht' Eu - er
(Faninal auf Octavian zu, indem der Respect vor dem
Grafen Rofrano seine Grobheit zu einer knirschenden Höflichkeit herabdämpft)
cresc.
Äußerst schnell (molto Allegro)
Metr. ♩= 160
f
Lieb-den recht in al - ler De - vo - tion ge - be - ten ha-ben, schleu-nig sich von
p
fp
pp
(zu Sophie)
198
hier zu re - ti - rie - ren, und nim-mer wie - der zu er - schei-nen! Hör' Sie mich!
sfz
pp
f
p
Sie hei - rat' ihn, und wenn er sich ver - blu - ten tät', so hei - rat' Sie ihn als
espr.

(Der Arzt zeigt durch eine beruhigende Gebärde, daß der Verwundete sich in keiner Gefahr befindet.)
(Octavian muß wohl gehen, möchte aber gar zu gern Sophie noch ein Wort sagen; er erwiedert zunächst Faninals Verbeugung durch ein gleich tiefes Compliment)
199
Fan.
To-ter!
(Er macht Octavian eine Verbeugung, übertrieben höflich, aber unzweideutig)
(Octavian sucht nach seinem Hut, der unter die Füße der Dienerschaft geraten war. Eine Magd überreicht ihm knixend den Hut.)
ff
Ped.
(Zweite
und dritte Verbeugung des wütenden Faninal, die Octavian prompt erwiedert.)
200
ff
Sophie.
(beeilt sich, das Folgende noch zu sagen, solange es Octavian hören kann)
Hei-rat' den Herrn dort nicht le-ben-dig und nicht
stets äußerst schnell
(sempre molto allegro)
Metr. 𝅗𝅥 = 176
f
201
Sophie
tot!
Sperr' zu-vor in mei-ne Kam-mer mich ein.
202
Faninal.
Ah! sperrst Dich
p
cresc.
f

Fan.
ein! Sind Leut' ge-nug im Haus, die Dich in Wa-gen tra - - gen wer-den.
203
Sophie.
Spring' aus dem Wa-gen noch, der mich zur Kir - che fährt.
Fan.
(mit dem gleichen Spiel zwischen ihm und Octavian, der immer einen Schritt gegen den Ausgang tut, aber von Sophie in diesem Augenblick nicht los kann)
Ah!
Fan.
Springst noch aus dem Wa - gen?
204
Na, ich sitz' ne-ben Dir, und
cresc.
(Der Haushofmeister indessen macht die Leute abtreten. Die Bühne leert
Sophie.
Geb' halt dem Pfar-rer am Al - tar Nein
Fan.
wer-de Dich schon hal - ten.

sich. Nur die Lerchenau'schen bleiben bei ihrem Herrn zurück.)

Sophie.
Ich bitt' Sie um Par - don! Bin doch kein schlech -
dim.
p espr.
espr.
p
pp
Sophie
- tes Kind! Ver - ge - - ben Sie mir
208
p
Sophie
nur dies ei - - ne Mal.
Faninal.
(hält sich in Wut die Ohren zu)
Auf Le - benszeit! Auf Le -
f
f
Octavian.
209
(schnell, halblaut)
Sei Sie nur ru - hig, Lieb - ste, um Al - les! Sie hört von
(Die Duenna stößt
Fan.
- bens - zeit!
fp

210
Duenna (zieht Sophie mit sich nach rechts)
Octavian, sich zu entfernen)
So geh' doch nur dem
Oct.
mir!
Fan.
Auf Le - - - bens-zeit!
dim.
Ped.
211 (zieht sie zur Tür rechts hinaus, schließt die Tür)
Duen.
Va - ter aus den Au - gen!
Fan.
Auf Le - - bens-zeit!
Ped.
(eilt dem Baron entgegen)
212
Fan.
Bin ü - ber - glück - lich! Muß
Fan.
Eu - er Lieb - den em - bra - ssie - ren!
mf
dim.

Baron (dem bei der Umarmung der Arm wehgetan)
213
Oh, oh, oh, oh! Je - sus, Ma - ri - a!
dim.
sempre al-
Faninal (nach rechts hin, in neuer Wut)
Lu - de-rei! In's Klo - - - - ster!
214
legro molto
(nach der Mitteltür)
Fan.
Ein Ge - fäng-nis! Auf Le - bens-
dim.
Fan.
zeit. (schwächer) Auf Le - - - bens - zeit.
215
Andante ♩ = 𝅗𝅥 des 2/4 (Un poco alla
Metr. 𝅗𝅥 = 92

Baron.
Is gut! Is gut!
marcia)
p
sfz
sfz
216
Faninal.
Ein Wein? Ein
Bar.
Ein Schluck von was zu trin-ken.
pp
p
sempre p
Fan.
Bier? Ein Hyp-po-kras mit Ing-wer?
(der Arzt macht eine ängstlich abwehrende Bewegung)
grazioso
sfz
mf
Fan.
(jammernd) So ei-nen Herrn, so ei-nen Herrn zu-
Metr. ♩ = 100
p
mf
p
mf

217
Fan.
rich - ten mi-se - ra-bel! So ei-nen Herrn
psfz
mf
in meinem Stadt - pa-lais! Sie heirat' ihn um de - sto
sfz
sfz
p sfz
f
p
218
früher! Bin Mann's ge-nug!
(nach der Tür rechts, in aufflammender Wut)
Bin Mann's ge-
Baron (matt)
Is gut!
♩ = 92
f
p
nug!
(zum Baron)
Küß' Ihm die Hand für sei-ne
Baron.
Is gut!
etwas gemächlich
(un poco comodo)
mf
p

219
Fan.
Güt' und Nach - sicht.
Ge-hört all's
mf
p
Ihm im Haus. Ich lauf,' ich
cresc.
dim.
(nach rechts)
(zum Baron)
220
(sehr devot)
ff
p
bring'Ihm ein Klo - ster ist zu gut. Sein au - ßer Sorg'! Weiß,
un poco più mosso
poco rit.
tempo primo
dim.
f sfz
pp
(steigt ab:) (es kommt bald darauf ein Diener mit einer Kanne Wein und serviert dem Baron)
was ich Sa-tis-fac-tion Ihm schul - dig bin.
(Baron mit seiner Dienerschaft und dem Arzt allein)
Metr.
84

mf
dim.
sfz
sfz
sfz
sfz
poco rit.
Baron.
221
Da lieg' ich.
Was einem Ca-va - lier nit all's pas - -
un poco più tranquillo
pp
p
dim.
Baron.
sie-ren kann
in die - ser Wie - ner Stadt.
p
pp
6
pp
p
Baron.
(frei)
222
Wär' nicht mein Gu-sto hier.
Da ist ein's
a tempo
c.p.
3
pp
3
3
dim.

Baron.

gar zu sehr in Got - - tes Hand. Wär' lie - ber da-

mf *p*

(er will trinken, da macht er eine Bewegung, die ihm Schmerzen verursacht)

223

Baron.

heim. Oh, oh!

Cut to p 282?

Baron.

Der Sa-tan! Oh, oh! Oh, oh!

f

Baron.

Sa-kermentsverfluchter Bub'! Nit

poco accelerando

tempo primo

p *cresc.* *f* *ff*

224
Baron.
trocken hinterm Ohr
und fuchtelt mit'n Spa-di.
p
fp
225
(in immer größerer Wut)
Wäl - - li-scher
cresc.
f
mf
Hunds-bub' das!
Dich
p
accel.
molto cresc.
sollt' ich nur er - wi-schen,
er-wi-schen,
er - wi-schen,
rit.
ff
con anima
Metr. 𝅗𝅥 = 126
r.H.
l.H.
cresc.

Baron.

in' Hundezwinger sperr' ich dich ein, bei meiner Seel',

f *fp* *ff* *ff*

226

Baron.

in' Hühnerstall

ff *ff*

Ped. Ped.

Baron.

in' Schweine kofen 227 tät' Dich couranzen!

f *p*

Baron.

ranzen! Sollst alle Engel singen

f *ff*

ritard.

(Lerchenaus Diener nehmen sofort eine sehr drohende und gefährliche Haltung an, mit der Richtung gegen die Tür, durch die Octavian abgegangen)
Baron.
hör'n.
Lerchenau's Diener (gedämpft) Metr. ♩= 80
Wenn ich Dich er-wisch', Du liegst un-term Tisch, wart', Dich richt' ich
molto più lento (sehr gemessen)
pp
pp
pp
etwas fließend
228 (zu dem Faninal'schen Diener, der aufwartet)
Baron.
Schenk' Er mir ein da, schnell!
Lerch. Diener.
zu, wäl-li-scher Fi-lou!
poco più mosso Metr. ♩= 96
p
mf
(Der Arzt schenkt dem Baron ein und präsentiert den Becher)
poco calando
a tempo, gemächlich
Metr. ♩= 88 (comodo)
mf
dim.
p
Baron (allmählich in besserer Laune)
Und doch, muß la-chen, wie sich so ein Lo-der
cresc.

229
Baron.
mit sei-nen siebzehn Jahr' die Welt i-ma-gi-niert: meint, Gott
dim.
p
c.p.
a tempo
pp
p
pp
p
Baron.
weiß, wie er mich con-tre-ve-niert, ha
mf
Baron.
ha! um-ge-kehrt ist auch ge-fahren! Möcht' um
230
cresc.
f
calando
p
a tempo
p
Baron.
all's nicht, daß ich dem Mädel sein re-bel-lisch' Auf-be-gehren
pp
pp

231
(immer gemütlicher)
Baron.
nicht ver-spü-ret hätt'!
's gibt
auf der Welt nichts,
Metr. = 84
pp
p
was mich so
en-flam - miert
und al-so
ve-he-ment
ver -
espr.
232
pp
jüngt
so
en-flammiert
f
als
wie ein
rech - ter
mf
233
Lerchenau's
Diener (gedämpft)
Trotz.
Wart; Dich hau' i' z'samm,
wäl - li - scher Fi - lou,
wart; Dich
hau' i' z'samm,
(misurato)
gemessen Metr. = 80

234
Baron.
Herr Me-di-cus, verfüg' Er sich vor - aus!
Mach' Er das
Lerch. Diener.
cresc.
daß dich Gott ver-damm'!
gemächlich (cómodo) ♩= 84
sfz
f
p
(etwas zögernd)
Bett aus lau-ter Fe-der-bet-ten!
c.p.
espr.
a tempo
235
Ich komm', erst a-ber trink' ich noch!
p
mf
dim.
(den zweiten Becher leerend)
Marschier' Er nur in - dessen.
Ein
pp
espr.
dim.

(immer gemächlicher)
Baron.
Fe-der-bett. Zwei Stunden noch zu Tisch. Werd'
(Annina ist durch den Vorsaal hereingekommen und schleicht sich verstohlen heran, einen Brief in der Hand.)
236
Zeit - - lang ha-ben.
calando
pp
perdendo
(vor sich, leise)
Oh-ne mich, oh-ne mich je - der
Walzertempo, sehr gemächlich beginnend
(assai comodo da prima)
𝅗𝅥. = 48
Tag Dir so bang.
237
Mit mir,
p
pp
mit mir kei - ne Nacht Dir zu

Annina (stellt sich so, daß der Baron sie sehen muß und winkt ihm geheimnisvoll mit dem Brief.)
238
(näher)
Von der Be-
Baron.
lang.
Für mich?
p
pp
Annia.
wuß-ten.
Baron.
Wer soll da-mit g'meint sein?
p
cresc.
Annia.
(ganz nahe)
239
Nur ei-gen-hän-dig
mf
dim
pp
p
espr.
pp
Annia.
p
ins-ge-heim zu ü-ber-ge-ben.
240
Baron.
Luft da!
più animato
pp
ff

(Die Diener treten zurück, nehmen den Faninal'schen ohne Weiteres die Weinkanne ab und trinken sie leer.)
Baron.
(er reißt mit der Linken den Brief auf, versucht ihn zu lesen, indem er ihn sehr weit von sich weghält.)
Zeig' Sie den Wisch!
Such' Sie in mei-ner Tasch' mei-ne Bril-len.
241 (sehr mistrauisch)
(mosso assai.)
Nein! such'Sie nicht. Kann Sie Ge-schrieb-nes le-sen?
Ziemlich lebhaftes Walzertempo.
Da!
Annina (nimmt den Brief und liest)
242
„Herr Ca-va-lier!

Annina.

Den mor-gi - gen A-bend hätt' i frei. Sie

Annina.

ham mir schon g'falln, nur g'schamt hab i mi vor der fürst' lin

Annina.

243

Gna - - de, weil i noch gar so jung bin.

pp

Annina.

Das be - - wußte Ma - rian-del, Kam-mer - zo -

Annina.

pp

244

- fel und Ver - lieb - - te. Wenn der Herr Ca-va-lier

pp

Annina.
den Na - men nit schon ver - ges - sen hat.
I wart' auf Ant - wort."
pp
pp
Baron (entzückt)
245
pp
Sie wart' auf Ant - wort!
Geht
ppp
pp
Baron.
all's recht am Schnürl
so wie z' Haus
pp
p
Baron.
246
p
und hat noch ei - nen an - - - - - - dren Schick da -
poco ritard.
pp

Baron.
(sehr lustig)
zu. Ich hab' halt schon ein - mal ein
a tempo mosso.
Metr. 𝅗𝅥. = 60
mf
p
Baron.
Ler - che - nau - isch' Glück.
247
Komm' Sie nach
Baron.
(sehr vergnügt)
Tisch, geb' Ihr die Ant - wort nach-her schrift - lich.
mf
p
mf
248
Annina.
dim.
Ganz zu Be - fehl, Herr Ca - va - lier. Ver -
f
dim.
p
pp

249
Annina.
gessen nicht die Bo - tin?
Baron (sie überhörend)
(vor sich)
Oh-ne mich,
poco calando
un poco più tranquillo
espr.
ppp
pp
Baron.
oh-ne mich je-der Tag,
pp
un poco slarg.
Annina (dringlicher)
𝅗𝅥. = 52
Ver - ges - sen nicht der Bo - tin, Eu-er
a tempo, poco animato
Baron.
Dir so lang.
ppp
espr
cresc.
mf
250
Annina.
Gna - de!
Baron.
Schon gut. Mit mir, mit mir mit
p
dim.

*) Anmerkung aus der Partitur: Die Auftakte in den Streichern stets in demsüßlichen Wiener glissando.

* Note from the orchestral score: The upbeats in the strings always in the sentimental Viennese glissando.

Annina geht ab, nicht ohne mit einer drohenden Gebärde hinter des Baron Rücken angezeigt zu haben, daß sie sich bald für seinen Geiz rächen werde.

254

p

cresc.

f

(Baron tut noch einen letzten Schluck)

Baron. 255

Kei - ne Nacht Dir zu lang,

lebhaft *(animato)*

ff

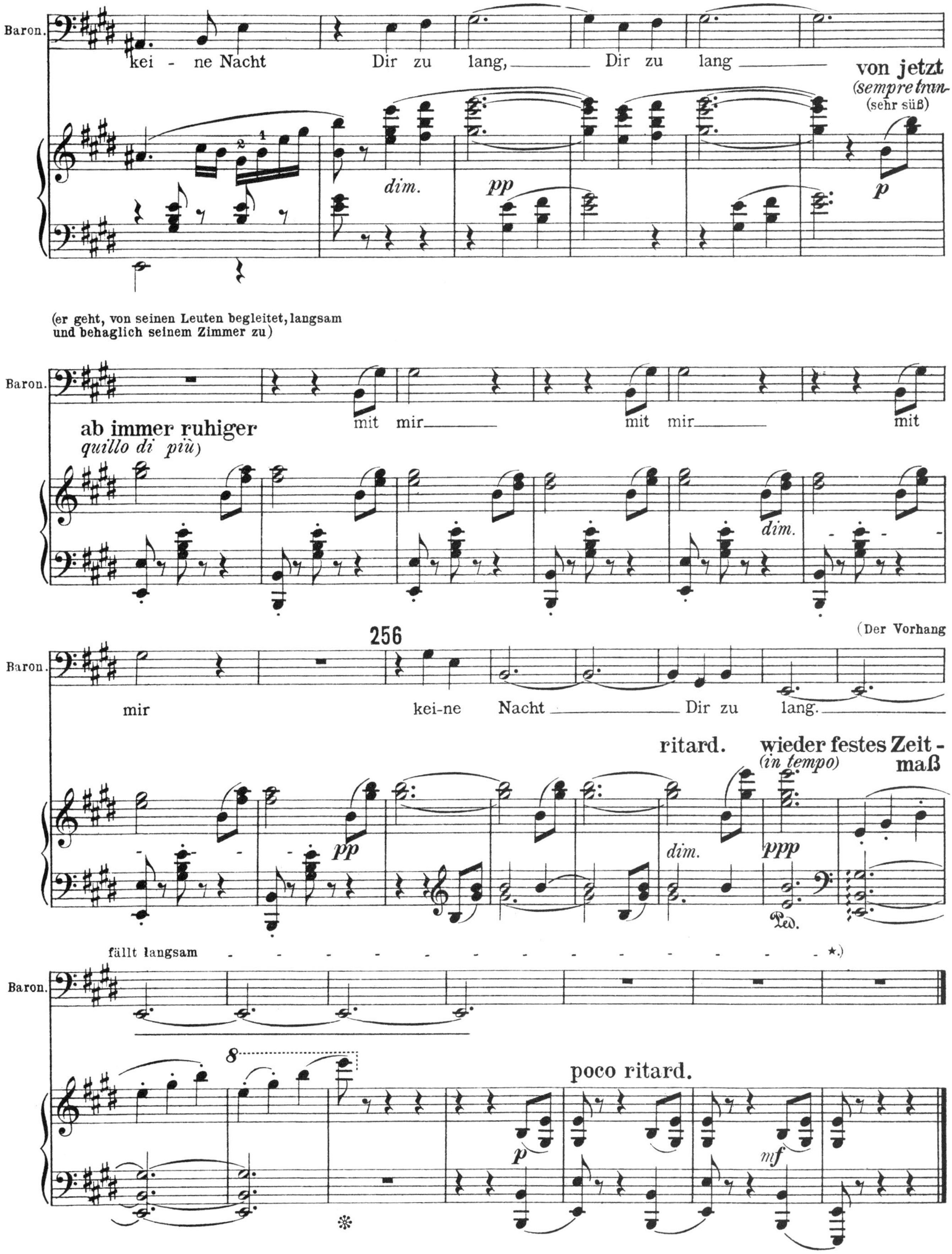

(er geht, von seinen Leuten begleitet, langsam und behaglich seinem Zimmer zu)

Baron.

mit mir mit mir mit

ab immer ruhiger
(quillo di più)

dim.

256

(Der Vorhang

Baron.

mir kei-ne Nacht Dir zu lang.

ritard. wieder festes Zeitmaß
(in tempo)

pp dim. ppp

Ped.

fällt langsam - - - - - - - - - - - - - - - - - ★.)

Baron.

8

poco ritard.

p mf

❊

Schluß des zweiten Aufzuges.

Dritter Aufzug.

Einleitung und Pantomime.

Anmerkung des Bearbeiters: dieses 6 und mehrstimmige Fugato war für Klavier zu 2 Händen nur anzudeuten.
Arranger's note: This fugato of six and more voices could only be suggested in an arrangement for piano two-hands.

3
p
stacc.
pp
4
8
5
mf
pp
p
pp

5
6
mf
mf
dim
7
f
p
fp
sfz
p
8
mf
p
mf

9
p
dim.
f
fp
10
mf
f
11
2
2
p
fp
mf
f
f
f
12
p
8
13

cresc.
14
f
dim.
15
p
l. H.
p
pp
l. H.
dim.
16
fp
17
8
pp
stacc.

18
19
20
p
fp
pp
mf
cresc.
f
ff
Ped.

21
22
23
24
sfz
fp
dim.

25

p

26

pp

(Ein Extrazimmer in einem Gasthaus. Im Hintergrunde links ein Alkoven, darin ein Bett. Der Alkoven durch einen Vorhang verschließbar, der sich auf und zu ziehen läßt.
Mitte links ein Kamin mit Feuer darin. Darüber ein Spiegel. Vorne links Türe ins Nebenzimmer. Gegenüber dem Kamin steht ein für zwei Personen gedeckter Tisch, auf diesem ein großer, vielarmiger Leuchter. In der Mitte rückwärts Türe auf den Korridor. Daneben rechts ein Büffet.
Rechts rückwärts ein blindes Fenster, vorne rechts ein Fenster auf die Gasse. Armleuchter mit Kerzen auf dem Büffet, auf dem Kamin, sowie an den Wänden.
Es brennt nur je eine Kerze in den Leuchtern auf dem Kamin. Das Zimmer halbdunkel.
Annina steht da, als Dame in Trauer gekleidet. **Valzacchi** richtet ihr den Schleier, zupft da und dort das Kleid zurecht, tritt zurück, mustert sie, zieht einen Crayon aus der Tasche, untermalt ihr die Augen.)

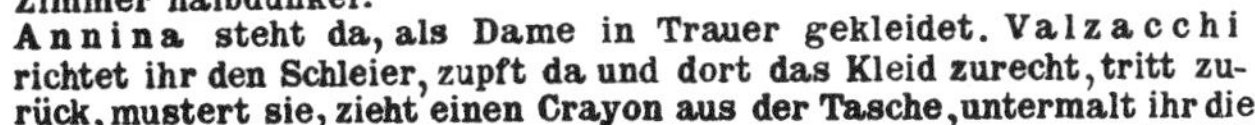

dim.
mf
(Die Türe links wird vorsichtig geöffnet, ein Kopf erscheint, verschwindet wieder)
28
29
f
mf
(dann kommt eine nicht ganz
30
dim.
p
unbedenklich aussehende, aber ehrbar gekleidete Alte hereingeschlüpft, öffnet lautlos die Tür und läßt respectvoll
f
pp

Octavian eintreten, in Frauenkleidern, mit einem Häubchen, wie es die Bürgermädchen tragen.) (Octavian, hinter ihm die Alte, gehen auf die beiden andern zu, werden sogleich

von Valzacchi bemerkt, der in seiner Arbeit innehält und sich vor Octavian verneigt. Annina erkennt nicht sofort den Verkleideten,

sie kann sich vor Staunen nicht fassen, knixt dann tief. Octavian greift in die Tasche (nicht wie eine Dame, sondern wie ein Herr

und man sieht, daß er unter dem Reifrock Männerkleider und Reitstiefel anhat, aber ohne Sporen) und wirft Valzacchi eine Börse zu. Val-

zacchi und Annina küssen ihm die Hände, Annina richtet noch an Octavians Brusttuch. Es treten auf fünf verdächtige Herren unter

Vorsichtsmaßregeln von links.
Valzacchi bedeutet sie mit einem Wink, zu warten.
35
p
3
dim.
3
pp
Sie stehen links
nahe der Türe.)
36
p
3
(Eine Uhr schlägt halb.)
(Valzacchi zieht seine Uhr,
zeigt Octavian:
37
p
es ist hohe Zeit.
Octavian geht eilig links ab,
gefolgt von der Alten,
die als seine
pp
dim.
Begleiterin fungiert.
Valzacchi nimmt die Verdächtigen nach vorne,
indem er mit jeder Geberde die Notwendigkeit
38
p

höchster Vorsicht andeutet. Die Verdächtigen folgen ihm auf den Zehen nach der
(Annina geht zum Spiegel, (alles mit Vorsicht, jedes Geräusch vermeidend,)
39
Mitte. Er bedeutet ihrer einem, ihm zu folgen: lautlos, ganz lautlos.
arrangiert sich noch; zieht dann einen Zettel hervor, woraus sie
40
Führt ihn an die Wand rechts, öffnet lautlos eine Falltür, unfern des
ihre Rolle zu lernen scheint.)
41
gedeckten Tisches, läßt den Mann hinabsteigen, schließt wieder die Falltür,
dann winkt er zwei zu sich, schleicht ihnen voran bis an die Eingangstüre,
42

steckt den Kopf
heraus, vergewissert sich, daß niemand zusieht, winkt die zwei zu sich, läßt sie
pp
dort hinaus. Dann schließt er die Türe, führt die beiden letzten leise an der Türe zum
43
Nebenzimmer voran, schiebt sie hinaus. Winkt Annina zu sich,
pp
geht mit ihr leise links ab, die Türe lautlos hinter sich schließend.) —
dim.
pp
44
(Er kommt wieder herein, —
klatscht in die Hände.)

(Der eine Versteckte hebt sich mit
halbem Leib aus dem Boden hervor.
Zugleich erscheinen über dem Bett und
Trp.
ff
45
ff
an anderen Stellen Köpfe.)
(Auf Valzacchis Wink verschwinden
46
sempre ff
dieselben ebenso plötzlich
die geheimen Schiebtüren schließen sich ohne Geräusch.)
f
47
mf
p

(Valzacchi sieht abermals nach der Uhr, geht nach rückwärts, öffnet die Eingangstür.)
48
p
dim.
pp
Walzertempo.
49
p
(Dann zieht er ein
pp
Feuerzeug hervor
50
und beginnt eifrig die Kerzen auf dem Tische anzuzünden.)
Lebhaft (vivo.)
f
tr

(Ein Kellner und
51
Metr. 𝅗𝅥. = 60.
Hinter der Bühne, aber sehr laut und deutlich.
ein Kellnerjunge kommen gelaufen mit zwei Stöcken zum Kerzen-anzünden.)
(Entzünden die Leuchter auf
Walzer. (lebhaft, con anima.)
im Orchester.
52
h. d. B.
dem Kamin, —
auf dem Büffet, —
dann die zahlreichen Wandarme.) —
53
(Sie haben die Tür hinter sich offen gelassen, man hört aus dem Vorsaal, im Hintergrunde, Tanzmusik spielen.)
sempre p

h.d.
B.
mf
54
(Valzacchi eilt
zur Mitteltür, öffnet dienstbefliesen auch den zweiten Flügel, springt unter Verneigung zur Seite.)
f
55
ff
stacc. sempre
dim.
56
(Baron Ochs erscheint, den Arm in der Schlinge, Octavian an der Linken führend, hinter ihm
p

h.d.
B.
der Leiblakei. Baron mustert den Raum. Octavian sieht herum, läuft an den Spiegel, richtet sein Haar.)
57
(Baron bemerkt den Kellner und Kellnerjungen, die noch mehr Kerzen anzünden wollen, winkt ihnen, sie sollten es
sein lassen. In ihrem Eifer bemerken sie es nicht. Baron ungeduldig, reißt den Kellnerjungen vom Stuhl, auf den er
58
gestiegen war, löscht einige ihm zunächst brennende Kerzen mit der Hand aus. Valzacchi zeigt dem Baron discret
den Alkoven und durch eine Spalte des Vorhanges das Bett.)

59
h.d. B.
p
Der Wirt (mit mehreren Kellnern eilt herbei, den vornehmen Gast zu begrüßen.)
Hab'n Eu - er Gna-den noch wei-tre Be-
l'istesso tempo (dreitaktig, ritmo di tre battute)
frisch (con spirito)
mf
p
Wirt.
feh - le?
Ein größeres Zimmer?
60
I.
4 Kellner.
Mehr Lichter?
II. III. IV.
Be-fehln mehr Lichter?
Be-fehln mehr Lichter auf dem
Baron (eifrig beschäftigt, mit einer Serviette, die er vom Tisch genommen und entfaltet hat, alle ihm erreichbaren Kerzen auszulöschen.)
a tempo, con spirito molto.
tranquillo
mf
sostenuto espressivo
sfz

I.
4 K.
II. III. IV.
Mehr
Sil-ber?
Tisch?
Baron.
Ver-schwindt's?
Macht mir das
Madel net
ver-ruckt!
sfz
sfz
mf sostenuto
Molto animato. 𝅗𝅥. = 69.
61
Hinter der Bühne.
f
Bar.
Was will die
Vl.
p
tranquillo
p
dim.
Molto animato. 𝅗𝅥. = 69.

h. d. B.
Wirt.
Schaffen viel - leicht, daß man sie
(löscht weitere Kerzen aus)
Bar.
Mu-si?
Hab sie nicht be-stellt.
h. d. B.
Wirt.
nä - her hört?
Im Vorsaal da is Ta - fel - mu - si!
Bar.

62
h.d. B.
mf
(Bemerkt das Fenster rechts rückwärts, im Rücken des gedeckten Tisches.)
Bar.
Laß er die Mu-si, wo sie ist.
p
mf
63
h.d. B.
p
mf
f
Wirt.
Ein blin-des
Bar.
Was ist das für ein Fen-ster da?

h.d. B.
(verneigt sich)
(Alle fünf Kellner wollen abeilen.)
Wirt.
Fenster nur. Darf auf - ge - tra - gen werd'n?
Bar.
Halt,
pp
64
(tranquillo)
(animato)
(tranquillo)
p
mf
3 Kellner (an der Tür)
I. II. III.
Ser - vier'n, Eu - er Gna - den.
(winkt ab)
was woll'n die Mai - kä - fer da?
Brauch
(tranquillo)
(animato)
(tranquillo)
pp

(animato)
h.d.
B.
Bar.
(als sie nicht gehen, heftig)
Nie - mand nicht.
Packts Euch!
Ser - vie - ren
(animato)
65
wird mein Kam - mer - die - ner da: ein - - schen -
66
- ken tu ich sel- - - ber.
Ver - steht Er?

67
etwas gemächlicher werden
h.d.
B.
Bar.
dim.
(Valzacchi bedeutet sie, den Willen Seiner Gnaden wortlos zu respectieren.)
(Schiebt alle zur Türe hinaus)
un poco comodo
pp
pp
(frisch)
p
ff
(zu Valzacchi)
Er ist ein bra - ver Kerl.
(Baron löscht aufs neue eine Anzahl Kerzen aus, darunter mit einiger Mühe die hoch an der Wand
a tempo (con spirito)
f
p
68
f
Wenn Er mir hilft die Rech - nung runter-drucken,
brennenden)
pp
f

69
h.d.
B.
Bar.
dann fallt was ab für Ihn.
70
Kost' si - cher hier ein Martergeld.
(Valzacchi unter Verneigung ab)
71
(Octavian ist nun fertig. Baron führt ihn zu Tisch, sie setzen sich. Der Lakai am

h.d.
B.
f
ff
Büffet sieht mit unverschämter Neugierde der Entwicklung des tête à tête entgegen, stellt Karaffen mit
p
mf
h.d.
B.
f
ff
Wein vom Büffet auf den Eßtisch.)
p
pp
72
h.d.
B.
dim.
p
f
(Baron schenkt ein.)
(Octavian nippt.)
(Baron küßt Octavian die Hand.)
espr.
p
pp

73

h.d.
B.

(Octavian entzieht ihm die Hand.)

(Baron winkt den Lakaien abzugehen, — muß es mehrmals wiederholen, bis die Lakaien endlich gehen.)

mf f ff p

74

dim.

(schiebt sein Glas zurück)

Octavian

Nein, nein, nein, nein!

calando

etwas ruhiger
un poco meno mosso Metr. 𝅗𝅥. = 52.
(etwas schmachtend)

p (un poco languido)

Oct.
I trink kein Wein.
Baron.
p
Geh, Her-zerl, was denn? Mach
75
Oct.
Nein, nein, nein, nein, i bleib net
Baron
doch kei-ne Fa-xen.
mf
p
(springt auf, tut, als 76 ob er fort wollte)
Oct.
da.
(packt sie mit seiner Linken)
Baron
Sie macht mich deschpa - rat.
accelerando
cresc.
f
mf
Oct.
Ich weiß schon, was Sie glaub'n! Oh Sie schlimmer Herr!
77
Metr. 𝅗𝅥. = 66
poco calando
a tempo animato
dim.
pp

Baron.
(sehr laut)
Sa - per-di - pix! Ich schwör bei mei-nem Schutz-pa-tron.
f
(Octavian tut sehr erschrocken, läuft, als ob er sich irrte, statt zur Ausgangstür gegen den Alkoven, reißt den Vorhang auseinander, erblickt das Bett.)
78
Octavian.
(Octavian ge-
Je-sus Ma-ri - a, steht a
ff
ff
rät in übermäßiges Staunen, kommt ganz betroffen auf den Zehen zurück.)
Oct.
Bett drin, a mordsmä-ßig gro-ßes.
79
Ja mei, wer
sfz
p
dim.
Oct.
schlaft denn da?
Baron.
(Führt ihn zurück an den Tisch)
Das wird Sie schon sehn.
Jetzt
p
espr.
pp
pp

Baron
komm Sie.
Setz' Sie sich schön. Kommt gleich wer mit'n
80
Baron
Es-sen.
Hat Sie denn keinen Hun-ger nicht?
(Baron legt ihr die Hand um die Taille)
f
81
Octavian (wirft dem Baron schmachtende Blicke zu)
O weh!
Wo Sie
f
p
pp
Okt.
doch ein Bräut-gam tun sein!
(wehrt ihn ab)
poco calando
pp
pp
p
p marc.
3

82
Baron.
Ach laß Sie schon ein-mal das
Metr. 𝅗𝅥. = 54
a tempo, aber etwas gemächlich beginnend und stets mit einer gewissen Grazie
un poco comodo da prima e sempre con grazia
pp
Baron
fa - de Wort! Sie hat doch einen Ka-va-lier vor sich
p
pp
Baron
und kei-nen Sei - fen-sie - der: ein Ka-va-lier läßt al - les, was ihm
83
(non stringendo!)
Baron
nicht con-ve-niert da drau - ßen vor der Tür.
mf
p

84
Baron
Hier sitzt kein Bräu - ti-gam und kei-ne Kam - mer-
Baron
jung - fer nicht: hier sitzt mit sei - ner Al - ler-schönsten ein Ver-
Baron
lieb - - ter beim Sou - per.
85 (zieht ihn an sich)
(Octavian lehnt sich kokett in den
Sessel zurück, mit halbgeschloßenen Augen)
etwas breit
(un poco meno mosso)
𝅗𝅥. = 50
pp espr.
cresc.
p
dim.
86
(Baron erhebt sich, der Moment für den ersten Kuß scheint ihm
𝅗𝅥. = 54
pp
espr.

gekommen. Wie sein Gesicht dem der Partnerin ganz nahe ist, durchzuckt ihn jäh die Ähnlichkeit mit Octavian. Er fährt

Baron.
ähn - lich, ei-nem gott - ver - fluch - ten Kerl!
poco calando
f
dim.
p
mf
dim.
espr.
f
(Baron, nun wieder versichert, daß es die Zofe ist, zwingt sich zu einem Lächeln!)
90 Octavian.
Ah geh! Das hab i no net ghört!
𝅗𝅥. = 66
a tempo, molto mosso
pp
p l.H.
tr
91 (Aber der Schreck ist ihm nicht ganz aus den Gliedern.
Er muß Luft schöpfen
sfz
f
dim.
tr
und der Kuß bleibt aufgeschoben.)
accel.
a tempo
92
pp
tr
mf
p

früh und kommt zum Vorschein. Octavian, der ihm gegenüber sitzt, winkt ihm eifrig, zu verschwinden. Der Mann verschwindet sofort.)

(Baron, der, um den unangenehmen Eindruck von sich abzuschütteln, ein paar Schritte getan hat und sie

von rückwärts umschlingen und küssen will, sieht gerade noch den Mann. Er erschrickt heftig, zeigt hin.)

96
Oct.
Baron.
Da ist ja
Hat Sie den nicht ge-sehn?
poco rit.
a tempo, molto animato
dim.
nix!
Da ist
cresc.
97 (nun wieder ihr Gesicht angstvoll musternd)
nix?
So?
Und da is auch nix?
98 (fährt mit der Hand über ihr Gesicht)
dim.
cresc.

Octavian.
Da is mei G'sicht.
[Del Mar ext 66]
Baron (atmet schwer, schenkt sich ein Glas Wein ein)
99
Da is Ihr G'sicht und da is nix
Baron.
mir scheint, ich hab
pp
pp
100
Baron.
die Con-ge-stion.
(setzt sich schwer, es ist ihm ängstlich zu Mute.)
pp
pp
p

Hinter der Bühne.
(Die Tür geht auf,
calando
dim.
dim.
a tempo, moderato assai
101 Gemächlicher Walzer. Metr. 𝅗𝅥. = 46
molto espr. (un poco comodo)
h.d. B.
man hört draußen wieder die Musik. Der Lakai kommt und serviert.)
pp
h.d. B.
mf
Octavian (sehr weich).
Die schö - ne Mu - si!
pp

102
h.d. B.
(horcht auf die Musik)
Oct.
Da muß ma wei - nen.
Baron (wieder sehr laut).
Is mei Leib - lied, weiß Sie das?
p
pp
etwas breit
h.d. B.
Oct.
Weils gar so schön is.
Baron.
Was?
Was? wei - nen?
poco sostenuto
pp

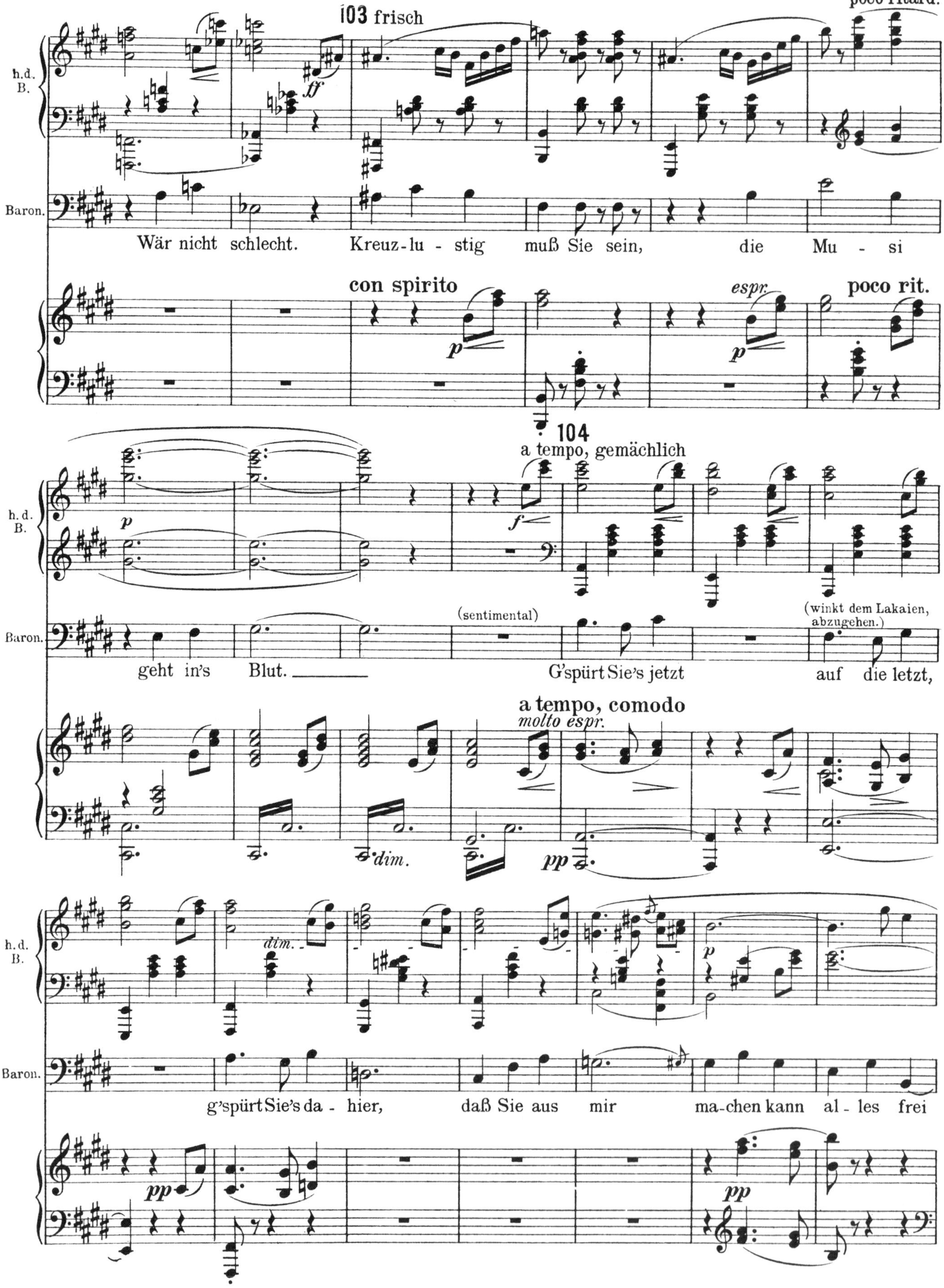

103 frisch

poco ritard.

h.d. B.

Baron.

Wär nicht schlecht. Kreuz-lu - stig muß Sie sein, die Mu - si

con spirito

p

espr.

p

poco rit.

ff

104

a tempo, gemächlich

h. d. B.

p

f

(sentimental)

(winkt dem Lakaien, abzugehen.)

Baron.

geht in's Blut. G'spürt Sie's jetzt auf die letzt,

a tempo, comodo

molto espr.

dim.

pp

105 a tempo
rit.
h.d.
B.
(Der Lakai geht zögernd ab)
Baron.
was Sie nur will.
Aus
rit.
a tempo
pp
espr.
Baron.
mir
was Sie nur will.
poco calando
h. d.
B.
p
(Der Lakai öffnet nochmals die Tür, schaut mit frecher Neugierde herein und verschwindet
poco calando
dim.
pp

106
h.d.
B.
Octavian (zurückgelehnt, wie zu sich selbst sprechend, mit unmäßiger Traurigkeit).
erst auf einen neuen heftigen Wink des Barons gänzlich.)
Es is ja eh als eins,
ziemlich langsam (moderato assai) 𝅗𝅥. = 42
p
espr
pp
r. H.
Oct.
es is ja
pp
r.
Oct.
eh all's eins,
was ein
H.
r. H.
(etwas
pp espr.
107
Oct.
Herz noch so jach be - gehrt,
Metr. 𝅗𝅥. = 48
fließend)
p

(indeß der Baron ihre Hand faßt)
108
Oct.
geh es is ja all's
pp
p
Oct.
net dru - mi wert.
Baron (läßt ihre Hand fahren).
Ei, wie denn?
più mosso Metr 𝅗𝅥. = 66
f
(Octavian wirft dem Baron schmachtende Blicke zu)
109
Baron.
Is sehr wohl der Müh wert.
calando
dolente
p
mf
p
mf
Octavian (immer gleich melancholisch).
noch langsamer
(ancora più moderato)
110
𝅗𝅥. = 40
Wie die Stund hin - geht, wie der Wind
pp espr.

Oct.
— ver - weht, so sind wir bald
— al - le zwei da - hin. Men - schen sin' ma halt,
111
noch etwas gemächlicher
(ancora più moderato)
sempre pp
(schmachtender Blick auf den Baron)
rich - tn's nicht mit G'walt.
(ebenso)
pp
p
pp
pp
112
Weint uns nie - mand nach, net dir net

Oct.
und net mir.
rit.
a tempo
pp
r. H.
l. H.
113
Baron.
Macht Sie der Wein leicht im-mer so?
allmählich etwas fließender
Metr. 𝅗𝅥. = 50
(a poco più scioltamente)
pp espr.
p
114
Baron.
Is ganz g'wiß Ihr Mie - der, das auf's
Metr. 𝅗𝅥. = 56
(Octavian mit geschlossenen Augen, gibt keine Antwort. Baron steht auf und will ihr aufschnüren.)
Baron.
Her - zel Ihr druckt.
molto espr.
cresc.

(schnell entschlossen nimmt er seine Perücke und sucht sich einen Platz, sie abzulegen. Indem erblickt er ein Gesicht, das sich wieder

im Alkoven zeigt und ihn anstarrt. Das Gesicht verschwindet gleich wieder. Er sagt sich: Congestionen und verscheucht den

Schrecken, muß sich aber doch die Stirne abwischen. Sieht nun wieder die Zofe, willenlos wie mit gelösten Gliedern dasitzen.)

(Das ist stärker als alles und er nähert sich ihr zärtlich. Da meint er wieder das Gesicht Octavians ganz nahe dem seinigen zu erkennen,

er fährt abermals zurück
Mariandl rührt sich kaum. Abermals verscheucht der Baron sich den Schreck, —
più mosso 𝅗𝅥. = 92
rit.
tempo primo
dim.
— zwingt Munterkeit in sein Gesicht zurück, —
espr.
118
accel.
— da fällt sein Auge abermals auf einen fremden Kopf, welcher aus der Wand hervorstarrt. Nun ist er maßlos
119
schnell (vivo)
geängstigt, —
120
— er schreit dumpf auf, ergreift die Tisch-
glocke und schwingt sie wie rasend.)
121
(Plötzlich springt das angeblich
Baron.
Da und da und da und da...
accelerando

blinde Fenster auf, Annina in schwarzer Trauerkleidung erscheint und zeigt mit ausgestreckten Armen auf den Baron.)

(Annina gefolgt von dem Intriganten, der sie scheinbar abzuhalten sucht, vom Wirt und 3 Kellnern, stürzt zur Mitteltür herein.)

Annina (bedient sich des böhmisch deutschen Akzents, aber gebildeter Sprechweise).
125
Es ist mein Mann! Ich leg' Be-schlag auf ihn
tempo primo, mäßig schnell (Allegro moderato.) Metr. 𝅗𝅥 = 112
Annina.
Gott ist mein Zeuge, Sie sind meine Zeu - - gen!
cresc.
126
Gericht! Hohe O-brigkeit, die Kai - - - - - - - - - - se-rin muß ihn
mir wieder ge - - - - - ben!
127
Baron (zum Wirt).
Was will das Weibsbild da von
accelerando

(zeigt nach allen Richtungen)
Baron
mir, Herr Wirt? Was will der dort und der und der und der?
Baron
(frei)
128
Der Teu - fel frequen - tier sein gottverfluchtes Ex - tra - zim - mer!
a tempo primo ♩ = 112
Annina
(Baron hat sich eine kalte Kompresse auf den Kopf
Er wagt mich zu ver - leug - - nen, ah! Tut als ob er mich nicht tä - te
gelegt, hält sie mit der Linken fest, geht dann dicht auf die Kellner, den Wirt, zuletzt auf Annina zu, mustert sie ganz scharf, um sich über ihre Realität klar zu werden.)
129
Annina
kennen!

Baron.
(wirft die Kompresse weg)
(sehr bestimmt)
Baron
Ist auch le-ben-dig!
Ich hab wahrhaft'gen Gott,
ff
6
Annina (als entdeckte sie jetzt erst die Gegenwart Octavians)
3
130
Ah! es ist wahr, was mir be-rich-tet wurde, Er will ein
(zum Wirt)
Baron
das Mö-bel nie ge-sehn! De-ba-rassier Er mich und laß Er fort serviern!
f
p
ff
p
Annina
zweites Mal hei-ra-ten, der In-fa-me, ein zwei-tes un-
Baron
Ich hab sein Bei-sl heut
Wirt (erschrocken)
Oh!
Oh!
die 3 Kellner
Oh!
Oh!
sempre p
3
3
3

Annina
-schuldi-ges Mäd-chen, so wie ich es
Baron
zum letz-ten Mal be-tre-ten!
Wirt
p
Eu-er Gna-den!
die Kellner
p
Eu-er Gna-den!
131
Annina
war.
Baron
(schüttelt kräftig mit der Linken Valzacchi, der ihm am nächsten steht)
Bin ich in einem Narrnturm? Kreuz-e-le-ment!
accelerando
f
ff
Annina
Baron
Bin ich der Baron von Lerchenau o-der bin ich es nicht?
Annina
Ja,
p

132
tempo primo
Annina
ja, du bist es und so wahr als du es bist, bin ich es auch
Baron
Bin ich bei mir? (fährt mit dem Finger ins Licht) Is das ein Kerz'l, (schlägt mit der Serviette durch die Luft) Is das ein Serviettl?
und du erkennst mich wohl, Le-u-pold, Le-u-pold be-denk:
(starrt Annina fassungslos an)
Kommt mir bekannt vor.
Wirt
Die ar-me
cresc.
133
Anton von Ler-chen-au, dort o-ben rich-tet dich ein
Vier Kinder (zwischen zehn und vier Jahren)
(stürzen zu früh herein und auf den Baron zu)
(sieht wieder auf Octavian)
Hab'n
Wirt
Frau, die ar-me Frau Ba-ro-nin!
l.H.

(erschrickt zuerst heftig, daß sie in ihrer Anrede unterbrochen wird, faßt sich aber schnell)
134
Annina
Hö - he-rer - - -
Hörst du die Stimme dei-nes
die 4 Kinder
Pa-pa, Pa - pa, Pa-pa!
Baron
doppel - te Ge-sichter al-le mit ein-ander!
Annina
Blu - - - - tes!
Kin - - - - -
die 4 Kinder
Pa-pa! Pa - pa! Pa - pa!
(zum Wirt) (Baron schlägt wü-
Baron
De - ba - ras -
die 3 Kellner
Die ar - me Frau Ba - ro - nin!
cresc.

Annina
- der, hebt die Hän-de auf zu ihm!
tend mit einer Serviette, die er vom Tische reißt, nach den Kindern)
Baron
sier Er mich von De - nen da, von der, von
6
p
cresc.
f
3
Octavian (zu Valzacchi)
135
Schnell (Allegro) ♩. = 116
Ist gleichwerfort, den Fa-ni-nal zu ho - len?
Wirt (im Rücken des Barons)
Hal-ten zu Gna - den,
(zeigt nach allen Richtungen)
dem, von dem, von dem!
mf
pp
4
Valzacchi (leise)
Sogleich in An - fang. Wird so - gleich zur Stel-le sein.
Wirt
gehn nit zu weit, könnten recht bö - se Fol - gen g'spürn. Bit - ter-
Was? Ich was

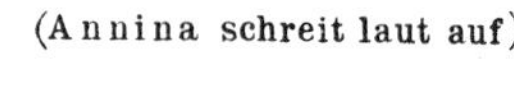

Valz. (zum Baron) (leise) Ik rat Eu - er Gna - - den, sein vor - sik - tig.

Wirt. bö - - se! Die Bi - - ga - mie ist halt kein

Baron g'spürn von dem Mö - bel da? Habs nie nicht an - - g'rührt,

136

Valz. Die Sitten - po - li - zei sein gar nicht to - le - rant.

Wirt. Gspaß, is ein Ka - pi - - tal - - - - ver - bre - chen.

Baron nicht mit der Feu - er - zang. Die Bi - ga -

(die Stimme der Kinder nachahmend)

Baron mie? Die Sit - ten - po - li - zei? Pa - pa, Pa -

(greift sich wie verloren an den Kopf, dann wütend)
137
Baron
pa!
Schmeiß Er hinaus das Trau-erpferd!
ff
f
Baron
Wer? Was? Er will nicht? Was? Po-li-zei!
Die Lack'ln wollen nicht?
138
poco a poco più mosso sempre
Baron
Spielt das Ge-lich-ter leicht Alls unter ei-nem Le-der?
Sein wir in
p
mf
Baron
Frank-reich?
Sein wir un-ter Ku-ru-tzen? O-der in kai-ser-li-cher
p
f
mf
mf

(er reißt das Gaßenfenster auf)
Baron
Hauptstadt? Po-li-zei! He-rauf da, Po-li-
f
p
139
4 Kinder (plärrend)
Pa-
Wirt (jammernd)
Mein renommier-tes
(Man hört auf der Straße laute Rufe nach der Polizei)
Baron
zei! Gilt Ord-nung her-zu-stel-len und ei-ner Standsper-son zu Hilf
cresc.
f
mf
ff
140
4 Kinder
pa, Pa-pa, Pa-pa!
Wirt
Haus! Das muß mein Haus er-le-ben!
Baron
zu ei-len. Po-li-zei, Po-li-zei!
f
ff

(Kommissarius mit zwei Wächtern treten auf. Alles rangirt sich, ihnen Platz zu machen)
8
141
Octavian
Verlaß Er sich auf mich! und laß Er's gehn,
Valzacchi (zu Octavian)
Oh weh, was maken wir?
Kommissarius
(scharf)
Halt! Keiner rührt sich! Was ist los?
Mäßig bewegt. (Moderato)
Metr. ♩ = 104
ffp
f
Oct.
wie's geht.
Valz.
Zu Eu-rer Ex-cel-lenz Be-fehl.
Komm.
Wer hat um Hilf ge-schrien? Wer hat Skandal gemacht?
142
Baron (auf ihn zu, mit der Sicherheit des großen Herrn)
Is alls in Ordnung jetzt.
fp
p
Baron
Bin mit ihm wohl zu-frie-den. Hab gleich er-hofft, daß in Wien all's wie am
p

Baron
(vergnügt)
143
Schnürl geht.
Schaff Er das Pack mir vom Hals.
Schneller Walzer. (molto animato)
mf
Kommissarius
144
Wer ist der Herr?
Was gibt dem Herrn Be-
Baron
Ich will in Ruh sou - pi-ren.
etwas lebhafter, als vorher die 4/4
(poco più mosso che la prima volta)
pp
ff
ffp
fp
Komm.
fugniß?
Ist Er der Wirt?
(scharf)
Dann halt Er sich ge-fäl-lig still und
(Baron sperrt den Mund auf)
f
ff
l.H.
p
(Baron retiriert sich etwas, perplex, beginnt nach seiner Perücke zu suchen, die in dem Tumult abhanden gekommen ist und unauffindbar bleibt)
Komm.
145
(setzt sich)
wart' Er, bis man Ihn ver - - nehmen wird.
Wo ist der Wirt?
(Die zwei Wächter nehmen
f
p

Wirt (devot)
Mich dem Herrn O-ber-kom-mi-sa-rius schön-stens zu re-kommandieren.
Komm.
Die Wirtschaft da
hinter dem Kommissar Stellung)
f
dim.
p
146
Wirt
Herr Kommi-sar! Der Herr Ba-
Komm.
rekommandiert Ihn schlecht. Be-richt Er jetzt! Von Anfang!
ff
p
Wirt
ron
Das ist der Herr Baron von
Komm.
Der große Dicke da? Wo hat er sein Paruckl?
Baron (der die ganze Zeit gesucht hat)
Um das frag' ich Ihn!
Metr. ♩ = 100
p
ff

Wirt
Lerchenau.
Komm.
Genügt nicht.
Hat Er Per-sonen na-he-bei, die für Ihn Zeugniß geben?
Baron
Was?
poco accelerando
(Valzachi wechselt mit Octavian einen Blick des Einverständnißes)
Baron
Gleich bei der Hand.
Da. Mein Se-kre-tär: ein I-ta-lie-ner.
147
lebhafter M. ♩=112
Valzacchi (più mosso)
(Octavian der bisher ruhig rechts gestanden, tut nun, als ob er in
Ik ex-cu-sier mik. Ik weiß nix. Die Herr kann sein Ba-ron, kann sein auch nit. Ik weiß von
Verzweiflung hin und her irrend den Ausweg nicht fände und das Fenster für eine Ausgangstür hält)
Valz.
nix.
Baron (außer sich)
Das ist doch stark. Wäl-li-sches Lu-der, fal-sches!

(Leiblakai ist sehr betreten über die Situation. Jetzt scheint er einen rettenden Einfall zu haben und stürzt plötzlich zur Mitteltür fort, ab)
148
tempo primo
Octavian
Oh mein Gott, in die Erd'n möcht ich sin - ken! Hei - - li - ge
Kommissarius (zum Baron, scharf)
Für's erste mo-de-rier Er sich!
Wer ist
tempo primo
M. ♩=100
fp
pp
f
Oct.
Mut-ter von Ma-ri - a Ta-ferl!
Komm.
dort die jun-ge Per-son?
Baron
Die? Nie-mand. Sie steht un-ter mei-ner Pro-tec -
fp
pp
Komm.
Er sel-ber wird bald ei-ne Pro-tec-tion sehr nö-tig ha-ben.
Wer ist das jun-ge
Baron
tion.
p
f

149

(blickt um sich)

Komm.

Ding, was macht sie hier? Ich will nicht hof - fen, daß Er ein gott-ver-dammter De-bau -

Komm.

chierer und Ver-füh-rer ist! Da könnt's Ihm schlecht ergehn. Wie kommt er zu dem Mä-del?

ff p mf f

150

Octavian

(rennt gegen den Alkoven, wie um zu flüchten, und reißt den Vorhang auf,

I geh ins Was - ser!

Komm.

Antwort will ich!

fp

sodaß man das Bett friedlich beleuchtet dastehen sieht)

(erhebt sich)

Komm.

Herr Wirt, was seh ich da?

un poco più tranquillo

pp mf

Ped. *

151
Wirt (verlegen)
Wenn ich Per-so-nen vom Stand zum
Komm.
Was für ein Handwerk treibt denn Er?
dim.
p
pp
Wirt
Spei-sen o-der Nacht-mahl hab'.....
Komm.
Halt Er den
cresc.
Komm.
152 (zum Baron)
Mund. Ihn nehm ich später vor. Jetzt zähl ich noch bis drei, dann will ich
tempo primo
f
mf
dim.
Komm.
wis-sen, wie Er da zu dem jun-gen Bürgermädchen kommt! Ich will nicht hof-fen, daß
p
f

Un poco comodo.
(Wirt und Valzacchi deuten dem Baron durch Geberden die Gefährlichkeit der Situation und die Wichtigkeit seiner Aussage an.)
153
(Baron winkt ihnen mit Sicherheit, sich auf ihn zu verlassen, er sei kein heuriger Has.)
Komm.
Er sich ei-ner fal-schen Aus-sag' wird un-ter - fan-gen.
Etwas gemächlich.
♩ = 92
f
p
Baron.
Wird wohl kein Anstand sein bei Ihm, Herr Kom-mis - sar, wenn ei-ne Standsperson mit
Baron
sei-ner ihm ver-lob-ten Braut um neu-ne A- - - bends
Baron
ein Sou - per ein - - - - neh - men
p
dim.

154 tempo primo ♩= 104
Kommissar.
Das wä-re Seine Braut?
Geb Er den Namen an vom Va-ter und's Logis.
(blickt um sich, die Wirkung seiner schlauen Aussage abzuwarten)
Baron
tut.
Komm.
Wenn sei-ne An-gab stimmt, mag Er sich mit der Jungfer re-ti-rie-ren!
155
(scharf)
Mach Er sein Aussag
Baron.
Ich bin wahrhaf-tig nicht ge-wohnt, in die-ser Wei-se
accelerando
un poco più animato
o-der ich zieh an-dre Sai-ten auf.
Werd nicht man-kie-ren.
dim.

(schnell)
(An der Tür haben sich Gasthofpersonal, andre Gäste, auch einige der Musiker aus dem andern Zimmer neugierig angesammelt)
Baron
Is die Jungfer Fa-ni-nal, So-phi-a An-na Bar-ba-ra, eh-li-che Toch-ter des
pp
(Herr von Faninal drängt sich durch sie durch, eilig, aufgeregt in Hut und Mantel)
Faninal.
156
Zur Stelle.
Baron
wohlge-bo-re-nen Herrn von Fa-ni-nal, wohnhaft im Hof im ei-gnen Pa-lais.
Prestissimo
𝅗𝅥 = 80
f
(auf den Baron zu)
Fan.
Was wird von mir gewünscht? Wie sieht Er aus?
p
f
f
157
Fan.
War mir ver-mu-tend nicht, zu dieser Stunde in ein ge-mei-nes Bei-sl de-pe-
p
sfz

158
(halblaut zu ihm)
Fan.
schiert zu wer-den.
Was
Baron (sehr erstaunt und unangenehm berührt)
Wer hat Ihn hier-her de-pe-schiert? In drei Teu--fels
f
mf
p
Fan.
soll mir die sau-dum-me Frag, Herr Schwiegersohn? Wo
Baron
Na-men.
fp
159
Fan.
Er mir schier die Tür ein-ren-nen läßt mit Bot-schaft, ich soll sehr schnell herbei und
Fan.
ihm in ei-ner üb-len La--ge sou-te-nieren, in die Er unverschuldter
160
mf

Fan.
Wei - se ge - ra-ten ist.
Kommissarius.
(Baron greift sich an den Kopf)
Wer ist der Herr? Was schafft der
p
161
Komm.
Herr mit Ihm?
Baron.
Nichts von Be - deu-tung. Is blos ein Be - kannter.
mf
p
f
162
Komm.
Der Herr geb Sei-nen
Baron
Hält sich per Zu-fall hier im Gasthaus auf.
mf

(Baron stellt sich dazwischen, deckt Octavian vor Faninals Blick)
Faninal.
Ich bin der Edle von Fa - ni - nal.
Komm.
Na - men an?
So - mit ist dies der
163
Komm.
Va-ter.
Baron (eifrig)
Beileib' garnicht die Spur. Ist ein Ver - wandter, ein Bru-der, ein Ne -
164
Faninal (sehr erstaunt)
Was geht hier
Baron.
veu! Der Wirk - li-che ist noch einmal so dick.

Fan.
Baron
vor? Wie sieht Er aus? Ich bin der Va - ter, frei-lich!
(will ihn forthaben)
Das Weit-re
p
fp
165
Ich muß schon bit-ten.
fin-det sich, ver-zieh Er sich!
(wütend)
Fahr Er heim in Teufels
f
p
3
(immer ärgerlicher)
166
Mein Nam und Ehr in ei-nen sol-chen Hän - del zu me-
Namen!
cresc.
f
pp

(Baron versucht, ihm den Mund zuzuhalten)
Fan.
lie-ren, Herr Schwie - - ger - sohn!
(zum Kommissar)
Baron
Ist eine i - dée fixe. Benennt mich al-so nur im
sfz
mf
p
pp
Kommissarius
(zu Faninal)
Ja, ja, ge-nügt schon. Er er - kennt dem-nach — in die-sem Herrn sei-nen
Baron
G'spaß.
pp
p
167
Faninal
Sehr wohl! Wie - so sollt ich ihn nicht er - ken - - nen? Leicht
Komm.
Schwiegersohn?
mf
pp

168

Fan. weil er kei-ne Haar nicht hat?

Komm. (zum Baron) Und Er er- kennt nun-mehr wohl auch in die-sem Herrn wohl o-der ü-bel seinen Schwie- - ger- - va-ter?

(Nimmt den Leuchter vom Tisch, beleuchtet sich Faninal genau)

Baron So so, la la! Ja ja wird schon der- - sel-be sein. War heut den ganzen A-bend

169

gar nicht recht bei-nand. Kann meinen Augen heut nicht traun. Muß Ihm sagen, liegt

170

p *f* *fp* *mf* *pp* *pp* l. H.

Kommissarius
171
(zu Faninal)
Dagegen wird von Ihm
Baron
hier was in der Luft, man kriegt die Conge- -stion da- -von.
l. H.
Komm.
die Va- -terschaft zu die-ser ihm ver-ba-tim zu- -geschob'nen Toch-ter ge-
Faninal
(bemerkt jetzt erst Octavian)
172
Mei-ne Toch-ter? Da, der Fetzen gibt sich für meine Tochter aus?
173
Komm.
leugnet!
Baron (gezwungen lächelnd)
Im G'spaß! Ein pu-rer Miß-ver-stand! Der Wirt hat dem Herrn

Baron
Kom - mis - sa- - - rius da was vor - er - zählt von mei - ner Brautschaft mit der
cresc.
Wirt (aufgeregt) 174
Kein Wort, kein Wort, Herr Kommis - sa - rius, laut eig - ner Aus - - - sag!
Faninal (außer sich)
Das
Baron
Fa - ninalschen!
Fan.
Weibsbild ar - re - tie - - ren! Kommt am Pran - - ger! Wird aus - gepeitscht!
175
Fan.
Wird ein - geka - - stelt in ein Klo - - ster! Ich_ Ich_ ich_
176

Baron sempre più animato
Fahr Er nach Haus. Auf mor - gen in der Früh. Ich klär Ihm Al-les auf. Er weiß
p
pp
Faninal 177 𝅗𝅥=88
(außer sich vor Wut)
Laut eig - ner Aus - sag'!
Baron
was Er mir schul - dig ist.
f
(einige Schritte nach rückwärts)
Fan.
Mei - ne Toch-ter soll her - auf! Sitzt un-ten in der Trag-chaise!
f
(wieder auf den Baron losstürzend)
178
Fan.
Im Ga - lopp her-auf! Das zahlt Er teu - er! Bring Ihn vor's Ge -
ff
p
p

Fan.
richt!
Baron
Jetzt macht Er ei-nen rech-ten Pa-lawatsch für nichts und wie-der nichts.
p
f
p
mf
dim.
f
3
p
179
Baron
Ein Ka-va-lier braucht ein Roßgeduld, Sein Schwie-ger-sohn zu sein, Pa-role d'hon-
p
(schüttelt den Wirt)
Baron
neur! Ich will mei' Pe-rük-ke! Mei' Pe-rük-
f
p
cresc.
180
fp
Die vier Kinder
(automatisch)
Pa-pa! Pa-pa! Pa-
(Im wilden Herumfahren, um die Perücke zu suchen, faßt er einige der Kinder an und stößt sie zur Seite)
Baron
-ke will ich sehn!
f

181
die 4 Kinder
pa! Pa - pa! Pa - pa!
Faninal (fährt zurück)
Was ist denn das?
(Im Suchen findet er wenigstens seinen Hut, schlägt mit dem Hut nach den Kindern)
Baron
Gar nix! Ein Schwin-del! Kenn nit das Ba -
fp
Baron
ga - gi! Sie sagt, daß sie ver - hei-rat war mit mir.
cresc.
Ped.
Baron
Käm zu der Schand' so wie der Pon-ti-us ins
ff
2 6
4 8

Baron
cre - do.
(An der Tür sieht man die Faninal'schen Bedienten, jeder eine Tragstange der Sänfte haltend. Baron sucht die Kahlheit seines Kopfes vor Sophie mit dem Hut zu beschatten, indeß Sophie auf ihren Vater zugeht.)
(Sophie kommt im Mantel eilig herein, man macht ihr Platz.)
Sopran
Die Braut! Oh,
Alt
Chor der Zuschauer
Die Braut! Oh,
Tenor
Die Braut! Oh,
Baß
Die Braut! Oh,
L'istesso tempo (molto allegro sempre)
182
dim.
Faninal (zu Sophie)
Da schau dich um. Da hast du den Herrn
was für ein Skan - dal!
was für ein Skan - dal!
Chor.
was für ein Skan - dal!
was für ein Skan - dal!
183
dim.

Fan.
Bräutigam. Da die Fa - mi - li von dem saubern Herrn! Die Frau mitsamt die
f
p
Kin - der! Da das Weibs - bildg'hört linker Hand da - zu! Nein, das bist
184
f
dim.
p
du, laut eig - ner Aus - sag. Du! Möchtst in die Erd' - - n
f
p
Sophie (freudig aufatmend)
Bin her - - zens - froh!
sin - ken, was? Ich auch.
un poco più tranquillo
185
cresc.
f
p espr.

Sophie
Seh ihn mit nich - - - - ten an da - für.
Fan.
Sieht
mf
(immer verzweifelter)
ihn nicht an da - für. Sieht ihn nicht an da - für.
p
tr
mf
tr
cresc.
tr
Mein schö - ner Nam'! Ich trau mi' nim - mer über'n Gra - ben! Kein Hund
186 poco più mosso
f
p
— nimmt mehr ein Stü - ckl Brot von mir!
(er ist dem Weinen nahe)
cresc.

wieder äusserst schnell
Fan.
Die ganze Wiener Stadt! Die schwarze
Zei - - tung!
Da!
Chor (die an der Tür steheden)
Sopran
Alt
Tenor
Baß
Der Skan-dal! Der Skan-dal! Der Skan-dal
für Herrn von Fa-ni-nal!
molto allegro
187
f
ff
marc.
(die Köpfe aus der Wand u. Chor unter der Erde)
Tenöre (in der Wand und aus dem Erdboden auftauchend)
Bässe
(dumpf)
p
Der Skan-dal, der Skan-dal
188
8
dim.
p

(auf den Baron zu, mit geballter Faust)
Fan.
Aus dem Kel-ler! Aus der Luft! Die gan-ze Wie-ner Stadt!
Oh!
Köpfe.
für Herrn von Fa-ni-nal!
p
cresc.
molto
f
Fan.
Er fi-lou!
Mir wird nicht gut!
Ein
ff
dim.
Fan.
Sessel!
(Bediente springen hinzu, fangen ihn auf. Zwei desgleichen haben vorher ihre Stange einem der Hintenstehenden zugeworfen.)
(Sophie ist angstvoll
189
sempre prestissimo
ff
um ihn bemüht.
Wirt springt gleichfalls hinzu.
Sie nehmen ihn auf und tragen ihn ins
190
8
ff

Nebenzimmer. Mehrere Kellner, den Weg weisend, die Tür öffnend, voran.)

(Baron wird in diesem Augenblicke seiner Perücke ansichtig, die wie durch Zauberhand wieder zum Vorschein gekommen ist, stürzt darauf los, stülpt sie sich auf und gibt ihr vor dem Spiegel den richtigen Sitz.)

(Mit dieser Veränderung gewinnt er

seine Haltung so ziemlich wieder, begnügt sich aber, Annina und den Kindern, deren Gegenwart ihm trotz allem

nicht geheuer ist, den Rücken zu kehren.)

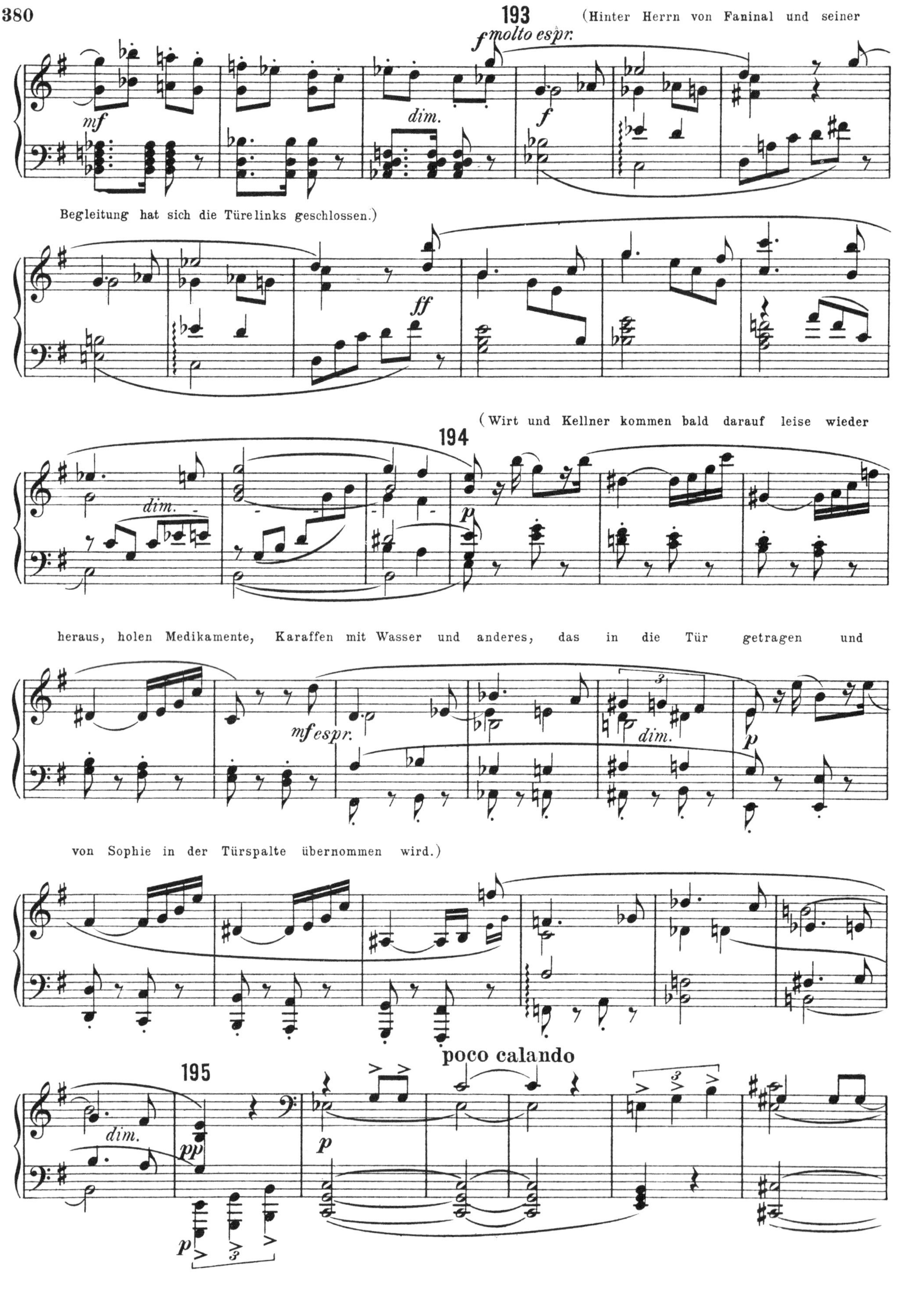

193
(Hinter Herrn von Faninal und seiner
f molto espr.
mf
dim.
f
Begleitung hat sich die Türe links geschlossen.)
ff
(Wirt und Kellner kommen bald darauf leise wieder
194
dim.
p
heraus, holen Medikamente, Karaffen mit Wasser und anderes, das in die Tür getragen und
mf espr.
dim.
p
von Sophie in der Türspalte übernommen wird.)
195
poco calando
dim.
pp
p
p

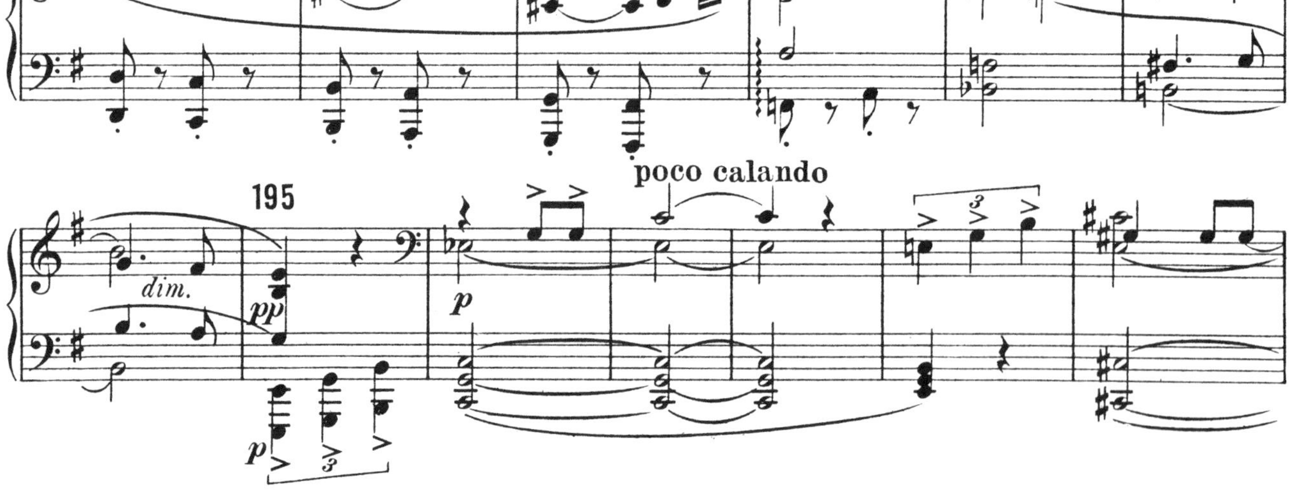

Baron (nunmehr mit dem alten Selbstgefühl auf den Kommissarius zu)
196
Sind des-to e - her im Kla-ren! Ich
mezzo tempo
doppelt so langsam (♩ = 𝅗𝅥 des vorigen Zeitmaßes)
Metr. 𝅗𝅥 = 100
dim.
p
(zu Octavian)
Baron.
zahl', ich geh'! Ich führ' Sie jetzt nach
p
mf
pespr.
dim.
197 Kommissar.
Da irrt Er sich! Mit Ihm jetzt wei - ter im Ver - hör!
(auf den Wink des
Baron.
Haus. Laß Er's jetzt
etwas fließender
pp
f
p
Kommissarius entfernen die beiden Wächter alle übrigen Personen aus dem Zimmer, nur Annina mit den Kindern bleibt an der linken Wand stehen)
Baron.
gut sein. War ein G'spaß. Ich sag' Ihm spä - ter wer das
(poco più scioltamente)
dim.

198
Baron.
Mä-del ist.
Geb' Ihm mein Wort:
Ich hei-rat' sie
pp
wahrscheinlich auch einmal.
Da
hinten dort, das Klumpret ist schon stad.
199
(macht Miene,
fp
dim.
p
Octavian abzuführen)
Octavian (macht sich los)
I
Da sieht Er, wer ich bin
und wer ich nicht bin!
pp
p espr.
200
Oct.
geh nit mit dem Herrn!
(halblaut)
I hei-rat' Sie, ver-hält Sie sich mit mir. Sie
pp

201
Baron.
wird noch Frau Ba - ro - - - - nin, so gut ge - fallt Sie mir!
mf
Octavian (gesprochen:) „Herr Kommissar, ich geb was zu Protokoll aber der Herr Baron darf nicht zuhör'n dabei."
(auf den Wink des Kommissars drangen die beiden Wächter den Baron nach vorne rechts)
(Octavian scheint dem Kommissar etwas zu melden, was diesen sehr überrascht.)
(Octavian reißt sich vom Arm des Barons los)
lebhaft (Allegro mosso)
cresc.
ff p
(Der Kommissarius begleitet Octavian bis an den Alkoven)
202
(Octavian verschwindet hinter dem Vorhang)
espr.
fp
dim.
Baron (zu den Wächtern, familiär, halblaut, auf Annina deutend)
203
Kenn' nicht das Weibs-bild dort, auf Ehr.' War grad beim Essen.
p
Baron.
Hab' kei-ne Ah - nung, was es will.
Der Kommissar scheint sich zu
mf
pp

(bemerkt die Heiterkeit des Kommissars)
Baron.
Hätt' sonst nicht sel - ber um die Po - li - zei ......
amüsieren und ist den Spalten des Vorhanges ungenierter Weise nahe)
sempre più mosso
p
dim.
204
(plötzlich sehr aufgeregt über den unerklärlichen Vorfall)
Baron.
Was geschieht denn dort? Ist wohl nicht möglich das?
Metr. 𝅗𝅥 = 116
pp
p marc.
205
Baron.
Der La - ckl! Daß heißt Ihr Sitten-polizei?
mf
f
mf
ff
(er ist schwer zu halten)
Baron.
Ist ei-ne Jungfer! Ei-ne Jungfer! Steht unter meiner Protek-
fp
cresc.
f
pp
pp

Baron.
tion.
Be - schwer' mich!
Hab' ein Wörtel
f
mf
cresc.
f
Baron.
drein zu re - den!
206
(Er reißt sich los, will gegen das Bett hin. Sie fangen und halten ihn wieder.)
sempre più mosso ♩= 126
(Aus dem Alkoven er-
f
scheinen Stück für Stück die Kleider der Mariandel. Der Kommissar macht ein Bündel daraus.)
(Baron immer auf-
207
geregt, ringt, seine beiden Wächter los zu werden.)
ff
208
f
ff

(Die Wächter halten den Baron mühsam, während Octavians Kopf aus einer Spalte des Vorhangs hervor sieht.)
209
Wirt (herein stürzend)
Ih-re hoch-fürst-li-che Gna-den, die Frau Für-stin
Baron.
Muß jetzt partout zu ihr.
p
fp
f
Metr. 𝅗𝅥=104
210
(Zuerst werden einige Menschen in der Marschallin Livrée sichtbar, dann der Leiblakai des Barons; sie rangieren sich.)
Wirt.
Feldmarschall!
(Der Baron hat sich von den Wächtern losgerissen, wischt sich den Schweiß von der Stirne, eilt auf die Marschallin zu.)
(Die Marschallin tritt ein, der kleine Neger trägt ihre Schleppe.)
quasi l'istesso tempo, etwas breit
f
marc.
Octavian (steckt den Kopf zwischen dem Vorhang hervor)
211
Ma-rie The-
Baron.
Bin glück-lich ü-ber Maßen, hab' die Gnad' kaum meri-tiert.
dim.
p

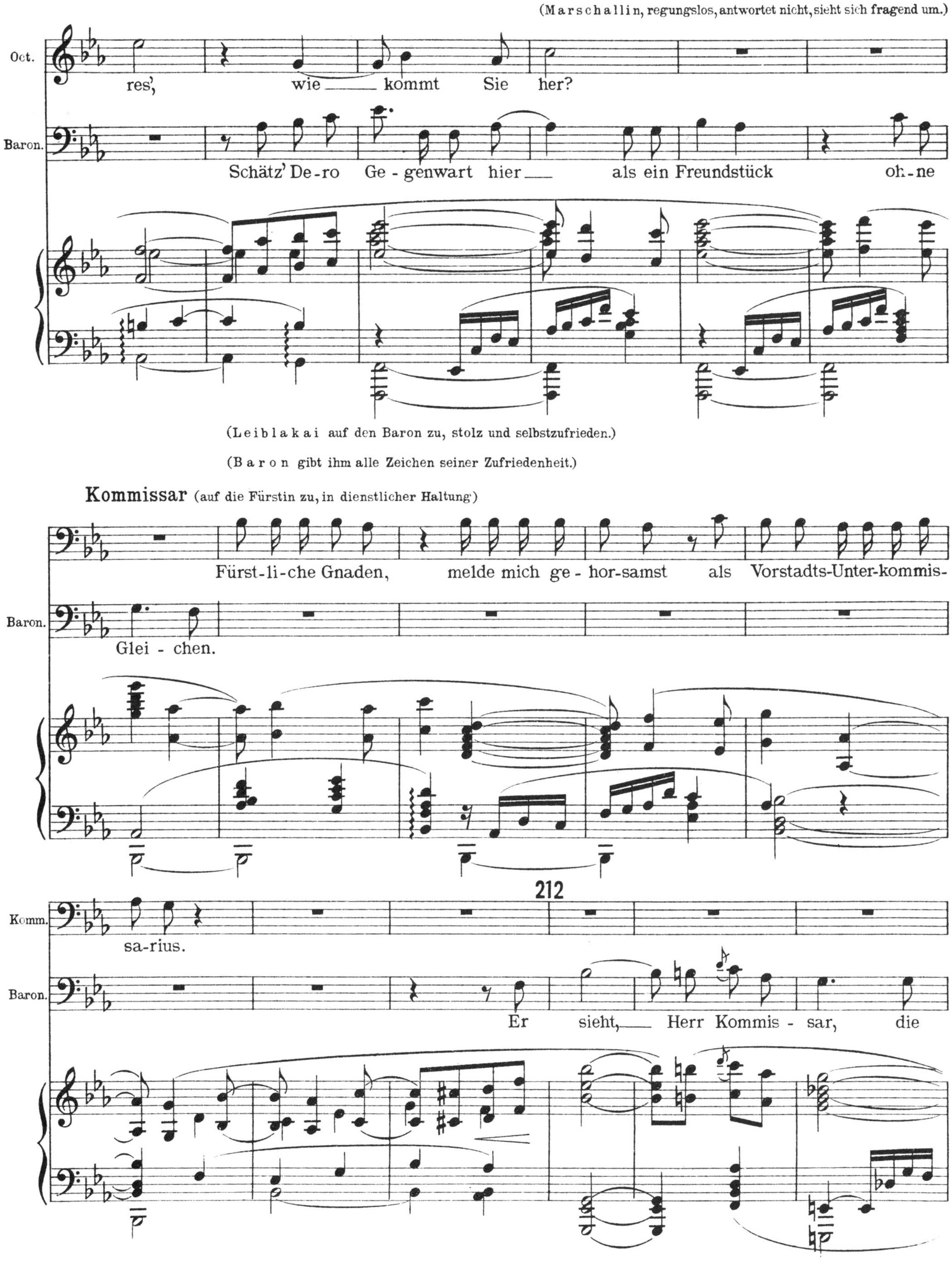

(Marschallin, regungslos, antwortet nicht, sieht sich fragend um.)

(Leiblakai auf den Baron zu, stolz und selbstzufrieden.)

(Baron gibt ihm alle Zeichen seiner Zufriedenheit.)

Kommissar (auf die Fürstin zu, in dienstlicher Haltung)

Fürst-li-che Gnaden, melde mich ge-hor-samst als Vorstadts-Unter-kommis-

Baron.

Glei-chen.

212

Komm.

sa-rius.

Baron.

Er sieht, Herr Kommis-sar, die

213
Marschallin (zum Kommissar)
Er kennt mich? Kenn ich
Baron
Durchlaucht ha-ben sel-ber sich be-müht.
Ich denk', Er weiß,
pp
Marsch.
Ihn nicht auch? Mir scheint bei-nah'. Dem Herrn
Kommissar
Sehr wohl!
Baron
wo-ran Er ist.
dim.
pp
p
214 (Octavian steckt abermals den Kopf zwischen den Vorhängen hervor)
Marsch.
Feld-marschall sein bra-ve Ordon-nanz gewest?
(Der Baron winkt Oc-
Komm.
Fürst-liche Gnaden, zu Befehl!
accelerando
mf

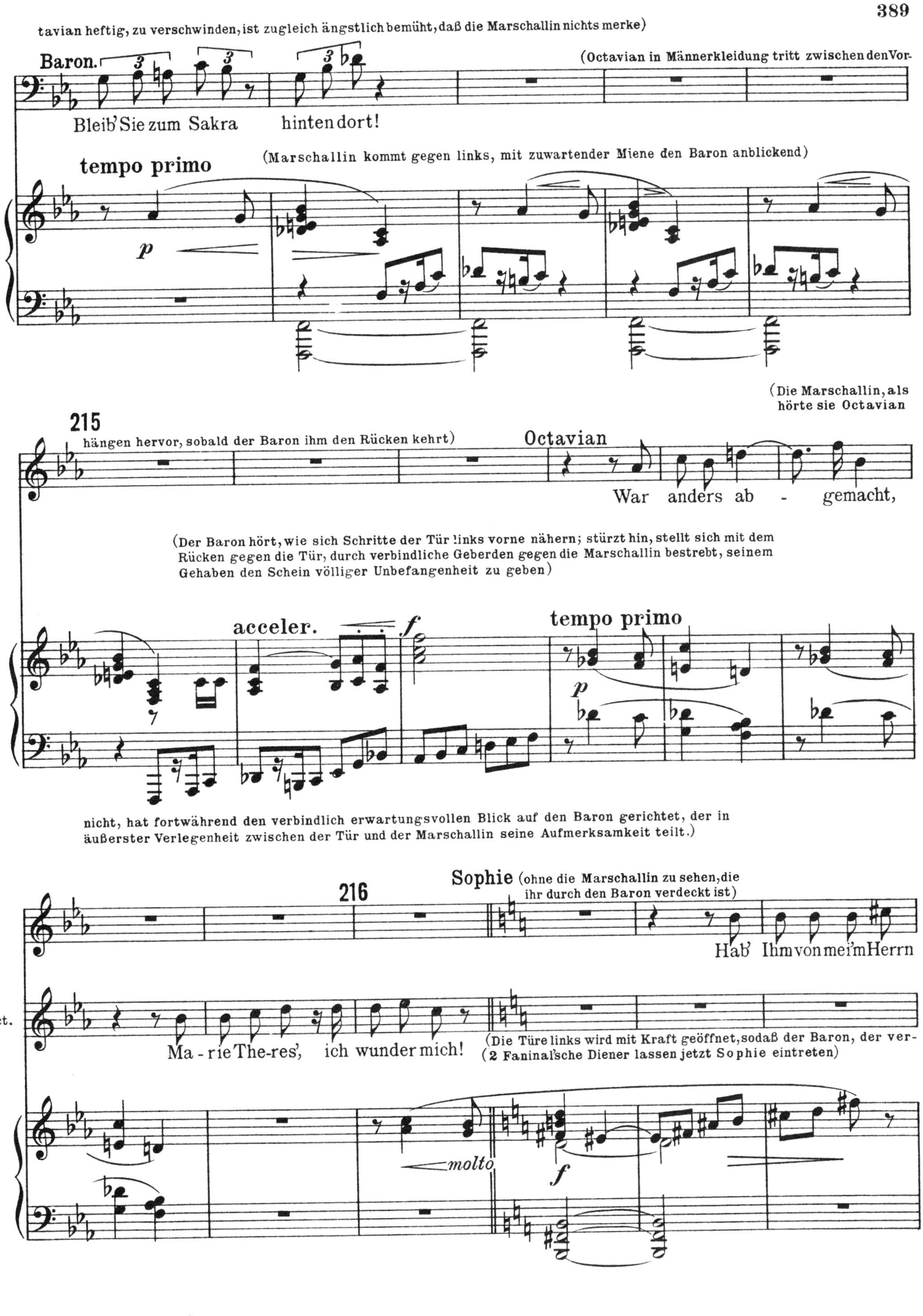

tavian heftig, zu verschwinden, ist zugleich ängstlich bemüht, daß die Marschallin nichts merke)
Baron.
Bleib' Sie zum Sakra hinten dort!
(Octavian in Männerkleidung tritt zwischen den Vor-
tempo primo
(Marschallin kommt gegen links, mit zuwartender Miene den Baron anblickend)
p
215
hängen hervor, sobald der Baron ihm den Rücken kehrt)
Octavian
War anders ab - gemacht,
(Die Marschallin, als hörte sie Octavian
(Der Baron hört, wie sich Schritte der Tür links vorne nähern; stürzt hin, stellt sich mit dem Rücken gegen die Tür, durch verbindliche Geberden gegen die Marschallin bestrebt, seinem Gehaben den Schein völliger Unbefangenheit zu geben)
acceler.
f
tempo primo
p
nicht, hat fortwährend den verbindlich erwartungsvollen Blick auf den Baron gerichtet, der in äußerster Verlegenheit zwischen der Tür und der Marschallin seine Aufmerksamkeit teilt.)
216
Sophie (ohne die Marschallin zu sehen, die ihr durch den Baron verdeckt ist)
Hab' Ihm von mei'm Herrn
Oct.
Ma - rie The-res', ich wunder mich!
(Die Türe links wird mit Kraft geöffnet, sodaß der Baron, der ver-
(2 Faninal'sche Diener lassen jetzt Sophie eintreten)
molto
f

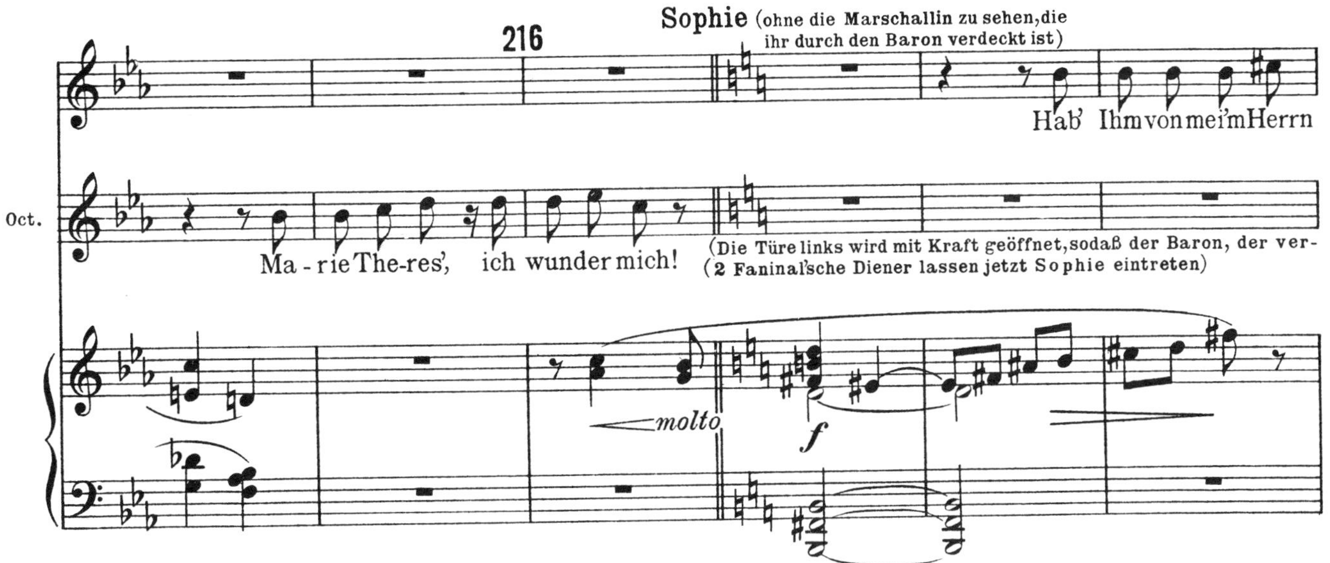

217
gebens versucht hatte, sich dagegen zu stemmen, wütend zurückzutreten genötigt ist.)
(Octavian ist leise
Sophie
Va-ter zu vermel-den....
Baron (Sophie ins Wort fallend, halblaut)
Ist jet-zo nicht die Zeit, Kreuz-e-lement! Kann Sie nicht war-ten, bis daß man Ihr
f
hervorgetreten, zur Marschallin, halblaut)
Octavian
Das ist die Fräu-lein, die um
Baron
ru - fen wird? Meint Sie, daß ich Sie hier im Bei-sl prä-sen-tie-ren werd?
espr. poco f
dim.
pp
trem.
Marschallin (über die Schulter zu Octavian, halblaut)
218
Find' Ihn ein bis-sl em-pres - siert, Ro - fra - no.
Oct.
de-ret-wil-len
dim.
pp
p

Sophie (den Rücken an der Türe, so scharf, daß der Baron unwillkürlich einen
Er wird mich
Marsch.
♩ = 168
Kann mir wohl den-ken, wer sie ist. Find'sie char-mant.
Schnell (vivo)
pp
f
Schritt zurückweicht)
219
(Die Marschallin spricht
Sophie
kei-nem Menschen auf der Welt — nicht praesen - tie - ren, die-wei - len ich mit Ihm —
(Octavian schlüpft zwischen die Vorhänge zurück)
f
leise mit dem Kommissar.)
Sophie
— auch nicht so viel zu schaf-fen hab'. Und mein Herr Va-ter laßt Ihm
ff
220
Sophie
sagen: wenn Er all - so-weit die Frechheit soll-te trei-ben, daß man Seine
f
mf

Sophie
221
Na-sen nur er - blicken tät auf hun-dert Schritt von un-serm Stadt - pa-lais,
p
mf
Sophie
so hätt' Er sich die bö-sen Fol-gen sel - ber zu-zu -
Sophie
schreiben. Das ist's, was mein Herr Va-ter Ihm ver - mel-den läßt.
f
ff
222
Sophie
Die Ihm ge -
Baron (zornig)
Cor-po, di bac-co! Was ist das für ei - ne un - ge-zog - ne Spra-che?

(sie tritt in die Tür, die sich hinter ihr schließt.)
Sophie
bührt.
Er un-ter - steh' sich nicht!
(außer sich, will an ihr vorbei, zur Tür hinein)
(Die zwei Faninal'schen Diener treten hervor, halten ihn auf, schieben ihn zurück.)
Baron
He— Fa - ni - nal, ich muß—
(gegen die Tür brüllend.)
223
Baron
Bin wil-lens, al - les Vor - gefall'-ne ver -
(Die Marschallin ist von rückwärts an den Baron herangetreten und klopft ihn auf die Schulter.)
Baron
ge - ben und ver - gessen sein zu las-sen!
224
Marschallin
Laß Er nur gut sein und verschwind' Er auf eins, zwei—
ritardando

Marsch.
225 (munter, überlegen)
Baron (dreht sich um, starrt sie an)
Wahr' Er sein' Digni-té
Moderato.
Wie - so denn?
♩= 92
ff
mf
p
und fahr' Er ab!
(sprachlos)
Mach' Er bonne mine à mauvais jeu: so
Baron
Ich? Was?
f
p
pp
226 (Sophie tritt leise wieder heraus. Ihre Augen suchen Octavian)
bleibt Er qua - si doch noch ei-ne Standsperson.
(Baron starrt sie stumm an)
(Zum Kommissar, der hinten rechts steht, desgleichen seine Wächter)
Er sieht, Herr Kommissar: das gan - ze war halt ei-ne Far-ce.
p

Sophie (vor sich, erschrocken)
Das ganze war halt ei-ne Farce
Marsch.
und weiter nichts.
Kommissar.
(tritt ab, die beiden Wächter hinter ihm)
Genügt mir. Re-ti-rier mich ganz gehorsamst.
pp
227
(Die Blicke der beiden Frauen begegnen sich: Sophie macht der Marschallin einen verlegenen Knix.)
Sophie
und weiter nichts.
(ungeduldig,
Marsch.
Baron (zwischen Sophie und der Marschallin stehend)
Mon cou-
Bin gar nicht willens!
dolcissimo
etwas fließender
(poco più scioltamente)
p
stampft auf)
(kehrt dem Baron den Rücken)
(von rechts, wo sie nun steht)
Marsch.
sin, be-deut' Er ihm!
Sein'
Octavian (geht von rückwärts auf den Baron zu)
(sehr männlich)
Möcht' Ihn sehr bit-ten!
(fährt herum)
Baron
Wer was?
p

228
(Der Baron, nachdem er Octavians Gesicht scharf und in der Nähe betrachtet, mit Resignation:)
Marsch.
Gna - den, der Herr Graf Ro - fra - no, wer denn sonst?
mf
p
pp
(vor sich)
(Octavian steht frech und hochmütig da)
Baron.
Is schon a - so! Hab' g'nug von dem Ge - sicht. Sind
229
poco rit.
a tempo Metr. ♩ = 100
p
pp
Baron.
doch nicht mei - ne Au - gen schuld.
Marschallin (einen Schritt näher tretend).
230
Is ei - ne wie - ne - rische Mas - ke - rad' und wei - ter
Baron.
Is schon ein Mandl.
fließend (scioltamente)
pp
f

Sophie (halb traurig, halb höhnisch, für sich).
Is ei - ne wie - ne - ri - sche Mas - ke - rad' und wei - ter
Marsch.
nichts.
(sehr vor den Kopf geschlagen)
Baron.
A - ha!
p
dim.
p
Sophie.
nichts.
231
(von oben herab)
Marsch.
Ich hätt' Ihm nicht ge -
(für sich)
Baron.
Spiel'n al - le un - ter ei - nem Le - der ge - gen mei - ner!
p
dim.
ppp
3
Marsch.
wunschen, daß Er mein Ma - riandel in der Wirk - lich - keit mir
poco calando
3
6
4

(Baron wie oben, vor sich hin sinnierend)
232
(wie oben und ohne Octavian anzusehen)
Marsch.
hät - te de-bau - chiert. Hab'jetzt ei-nen mon-
a tempo
etwas gelassener (poco più lento)
pp subito
p
Marsch.
tierten Kopf gegen die Männer so ganz im all-ge-mei-nen!
pp
ppp
l.H.
f
Baron (allmählig der Situation beikommend)
233
Kreuz-e-lement! Komm'aus dem Staunen nicht heraus!
dim.
p
f
Baron.
234
der Feld-marschall Oc-
sfz
dim.
pp
f

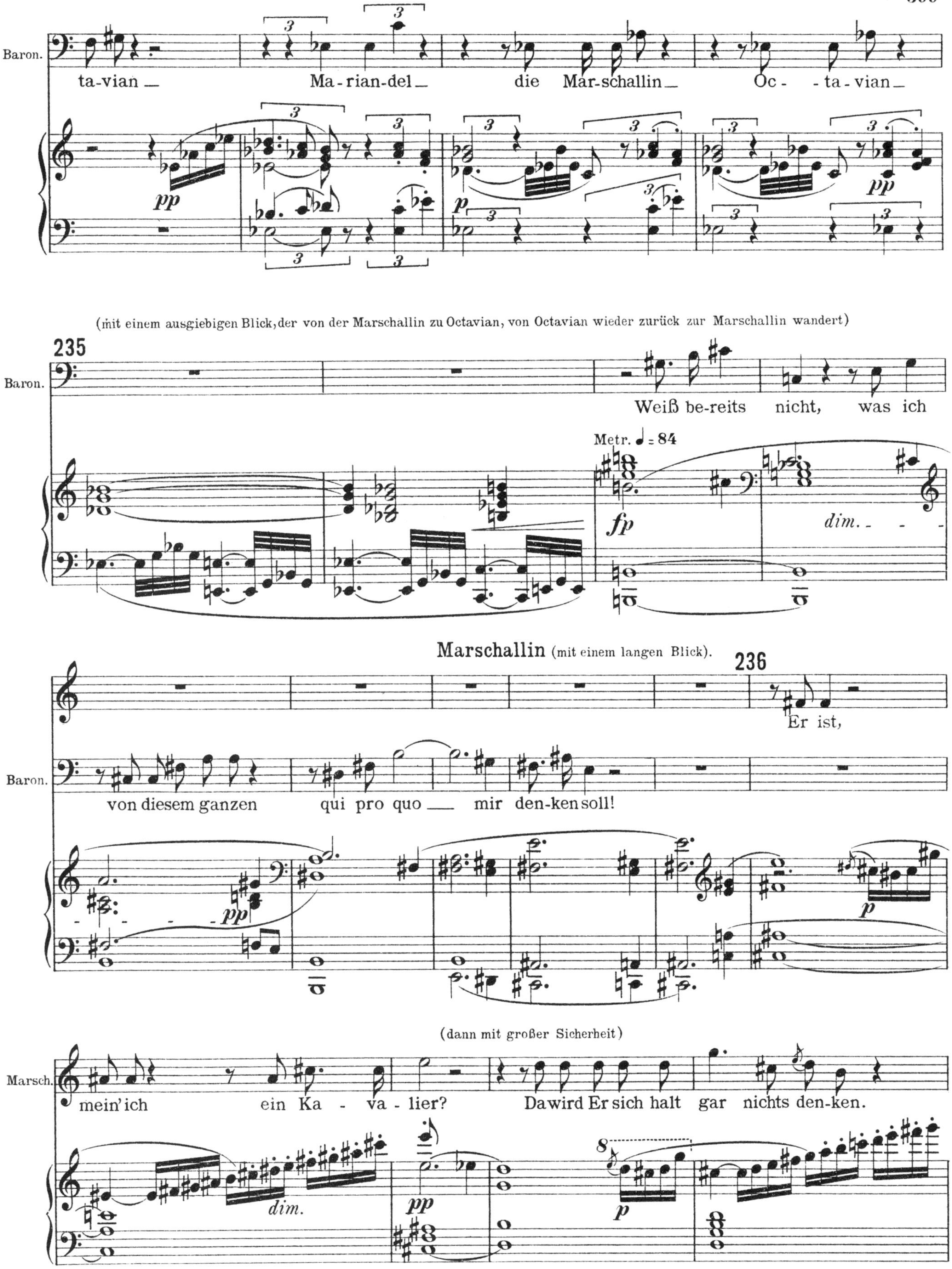

Baron.

ta-vian — Ma-rian-del — die Mar-schallin — Oc- -ta-vian —

pp *p* *pp*

(mit einem ausgiebigen Blick, der von der Marschallin zu Octavian, von Octavian wieder zurück zur Marschallin wandert)

235

Baron.

Weiß be-reits nicht, was ich

Metr. ♩= 84

fp *dim.*

(dann mit großer Sicherheit)

Marsch.

mein' ich ein Ka - va - lier? Da wird Er sich halt gar nichts den-ken.

dim. *pp* *p*

237
Marsch.
Das ist's, was ich von Ihm er - wart'.
(Pause)
(mit Verneigung und weltmännisch)
Baron.
Bin von
Moderato. ♩=84
pp
Baron.
so viel Fi-nes-se char - miert, kann gar nicht sa-gen
p
Baron.
wie.
Ein Ler -
grazioso
Baron.
- che-nau - er war noch nie kein Spielverderber

238
(einen Schritt an sie herantretend)
Baron.
nicht.
Find' de-li-ziös das
Fl.
Baron.
Gan-ze qui pro quo, be-darf a-ber da-für nun-meh-ro Ih-rer Pro-tec-
Baron.
tion. Bin wil-lens al-les Vor-ge-fal-le-ne ver-
239
cresc.
f

(Pause)
Baron.
ge- ben und ver- ges- - sen sein zu las - sen.
accelerando
mf
dim.
p
Marschallin.
Er darf, Er darf in al-ler Still' sich re-ti-
(er macht Miene, an die Tür links zu gehn)
Baron.
Eh bien, darf ich den Fa-ni-nal
pp
240
(Baron aus allen Himmeln gefallen)
Marsch.
rie-ren.
etwas lebhafter (poco più mosso)
f
ff
Marsch.
Ver-steht Er nicht,

241
Marsch.
wenn ei-ne Sach' ein End' hat?
Die ganze Brautschaft und Af-fär' und
Etwas breit (un poco ritenente) Metr. ♩=84
dim.
cresc.
(sehr bestimmt)
242
alles sonst, was drum und dran hängt, ist mit die-ser Stund' vor-bei.
sempre tranquillo di più
molto dim.
Sophie (sehr betreten, für sich).
Was drum und dran hängt, ist mit die-ser Stund' vor-bei.
Baron (für sich, empört, halblaut).
243
Mit die-ser Stund' vor-bei! Mit
poco acceler.
tempo primo
poco acceler.

(Die Marschallin scheint sich nach einem Stuhl umzusehen. Octavian springt hin, gibt ihr einen Stuhl)

(setzt sich rechts) **244** **Marschallin** (mit Bedeutung für sich).

Ist halt vor-

(Baron findet sich durchaus nicht in diese Wendung, rollt verlegen und aufgebracht die Augen)

Baron. die-ser Stund' vor-bei.

tempo primo

Immer ruhiger. *(sempre più tranquillo)*

p

Sophie (links, vor sich, blaß)

(In diesem Augenblick kommt der Mann aus der Falltür hervor. Von links tritt Valzacchi ein, die Verdächtigen in bescheidener Haltung hinter ihm.)

Ist halt vor-bei.

Marsch. bei.

Moderato mosso.

pp

(Annina nimmt Witwenhaube und Schleier ab, wischt sich die Schminke weg und zeigt ihr gewöhnliches Gesicht. Dies alles zu immer gesteigertem

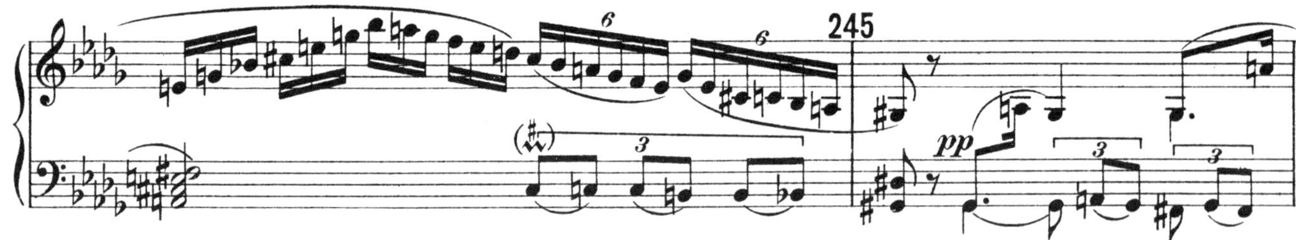

Staunen des Barons. Der Wirt, eine lange Rechnung in der Hand, tritt zur Mitteltüre herein, hinter ihm Kellner, Musikanten, Hausknechte, Kutscher)

246
cresc.
ff
(Leiblakai ergreift einen Leuchter vom Tisch und will seinem Herrn voran. Annina stellt sich frech dem Baron in den Weg).
[Finale]
Annina.
„Ich hab' halt schon ein-
(wie er sie alle erblickt, gibt er sein Spiel verloren. Ruft schnell entschlossen)
(macht der Marschallin ein tiefes, aber zorniges Kompliment)
Baron.
Le-u-pold, wir geh'n.
Schneller Walzer (molto con moto)
Metr. 𝅗𝅥. = 69
fff
ff
247
Annina.
mal ein Ler-che-nau-isch Glück!"
„Komm' Sie nach
dim.

(auf die Rechnung des Wirtes deutend)
Annina.
Tisch, geb' ihr die Ant - wort nach-her schrift - lich."
p
ff
248
(kommen dem Baron unter die Füße.
Er schlägt mit dem Hut unter sie.)
Die Kinder.
Pa-pa! Pa-pa! Pa - pa!
(sich zuerst an den
Baron drängend)
Die Kellner.
Ent -
ff
(sich mit der Rechnung
vordrängend)
Der Wirt.
Ent - schuld'gen Eu-er Gna-den!
Die Kellner.
schuld'gen Eu-er Gna-den!
Ent - schuld'gen Eu-er Gna-den!

(vor dem Baron her nach rückwärts tanzend)
Annina.
249
„Ich hab' halt schon ein - mal ein
Valzacchi.
(höhnisch)
„Ich hab halt
Die Kinder.
Pa - pa!
3 Kellner.
uns gehn die Ker - zen an!
Annina.
Ler - che - nau - isch Glück!"
Valz.
schon ein - mal ein Ler - che - nau - isch Glück!"
Die Kinder.
Pa - pa!
(sich dem Baron in den Weg stellend)
Die Musikanten.
Ta - fel - mu - sik
8

(Leiblakai bahnt sich den Weg gegen die Türe hin. Baron will hinter ihm durch.)

Kind.

Pa - pa!

Mus.

ü - ber zwei Stun - den.

250

Die Kutscher. (auf den Baron eindringend)

Für die Fuhr,' — für die Fuhr'! Rös - ser g'schun - d'n, Rös - ser g'schund'n ham ma gnua!

251

ham ma gnua!

Wirt.

Ent - schuld'-gen Eu'r Gna - den!

Hausknecht. (den Baron grob anrempelnd)

Sö, für's Aufsperr'n, Sö, Herr Ba - ron!

252
Wirt.
Hausk.
Die Kellner.
Ent-schuld'gen Eu'r Gnaden!
Sö, Herr Ba-ron!
Sö, fürs
Zwei Schock Ker-zen,
uns geh'n die Ker-zen an.
8
ff
Ped.
*
(immer die Rechnung präsentierend)
Wirt.
Ent-schuld'gen Eu'r Gnaden!
Ent-
Hausk.
Auf-sperr'n, Sö, Herr Ba-ron.
Die Kellner.
Zwei Schock Ker-zen, uns geh'n die Ker-zen an!
Die Musikanten.
Ta-fel-mu-sik ü-ber
Die Kutscher.
Für die Fuhr', für die
8
f
3

253
Wirt.
schuld'gen Eu'r Gna - den! Ent - schuld'gen, ent -
Die Kellner.
Zwei Schock Ker-zen, uns geh'n die Ker-zen an!
Die Musik.
zwei Stun - - den. Ü - ber zwei
Die Kutsch.
Fuhr'! Rös - ser g'schun - d'n ham ma
ff
254
Wirt.
schuld'gen, ent-schuld'gen Eu'r Gna - den! Ent - schuld' - gen
Hausknecht.
Sö, für's Auf - sperr'n, Sö, für's Auf - sperr'n Sö, Herr Ba-
Die Kellner.
Uns gehn die
Die Musik.
Stun - den.
Die Kutsch.
gnua. Für die Fuhr,' für die Fuhr,' für die

(Baron drängt sich mit Macht gegen die Ausgangstür, alle dicht um ihn in einem Knäuel.)

Wirt. Ent - schuld' - gen

Baron (im Gedränge) Platz da,

Hauskn. ron!

Die Kellner. Ker-zen an!

Die Musik. Ta - fel - mu - sik ü - ber zwei Stun - den!

Die Kutsch. Fuhr,' für die Fuhr,' für die Fuhr'!

Die Kinder.

Wirt. Gna - den! Pa-

Baron. Platz da, Kreuz-mil - li - on! Platz da, Platz da!

Hauskn. Füh - ra g'fahr'n, au - ßa-gruckt, Sö, Herr Ba - ron!

Die Kellner. Und geh'n die Ker - zen an, uns geh'n die Ker - zen an!

Die Musik. Ta - fel - mu - sik, Ta - fel - mu - sik!

Die Kutsch. Für die Fuhr,' für die Fuhr,' für die Fuhr'!

255
(von hier ab schreien Alle wild durcheinander)
Die Kinder.
pa, Pa-pa, Pa-pa!
ff
(Alle sind schon in der Tür, dem Lakai wird der Armleuchter entwunden.)
(Baron stürzt ab, alle stürmen ihm nach, der Lärm verhallt. Die zwei Faninalschen Diener sind indessen links abgetreten. Es bleiben allein zurück: Sophie, die Marschallin und Octavian.)
256
ff
Sophie.
(links stehend, blaß)
257
Mein Gott! Es war nicht mehr als ei-ne Far-ce! Mein Gott, mein
Metr. 𝅗𝅥. = 60
espr. dim.
p
Sophie.
Gott! Wie Er bei ihr steht und ich

258
Sophie.
bin die lee - - - re Luft für ihn!
Octavian.
(hinter dem Stuhl der Marschallin, verlegen)
War an - ders ab - gemacht, Marie The-res', ich wun - der
espr.
Oct.
(in höchster Verlegenheit)
mich! Be - fiehlt Sie, daß ich soll ich nicht die Jung-fer
pp
259
Sophie. (verzweifelt)
Die lee -
Marschallin.
Geh' Er doch schnell und tu Er was Sein Herz Ihm sagt.
Oct.
der Va - ter

Sophie.
Marsch.
Oct.
-re Luft.
O mein Gott!
Mein
Geh Er
und mach Sei-nen Hof.
The-res, ich weiß gar-nicht
260
Gott!
Laß Er's gut sein.
Ich schwör' Ihr
Ich be-greif' nicht,
(allmählich ein klein wenig ruhiger werden)
(poco a poco meno mosso)
espr.
p
261
(lacht zornig)
Er ist ein rech-tes Manns-bild,
was Sie hat.
(violente)
f
sfz
mf espr.
sfz
sfz

262
Marsch.
geh Er hin!
Oct.
(geht hinüber)
Wie Sie be - fiehlt.
p
Oct.
(Sophie wortlos)
(bei ihr)
Eh bien, hat Sie kein
263
ziemlich mäßig
pp espr.
Metr. 𝅗𝅥. = 54
Oct.
freund - lich Wort für mich? Nicht ei - nen Blick, nicht
bewegt (con moto assai moderato)
Sophie (stockend)
War mir von Eu-er Gna - den Freundschaft und Be - hilf - lichkeit wahrhaftig
Oct.
ei - - nen lie - ben Gruß?

264
(unmutig)
Sophie.
ei-ner andern Freud' ge-wär - tig.
Hab' wirklich keinen An - laß nicht.
(lebhaft)
Oct.
Wie_ freut Sie sich denn nicht?
mf
Sophie.
Wär' all's recht schön, wenns anders
Oct.
Hat man Ihr nicht den Bräu - ti-gam vom Hals geschafft?
f
dim.
p
Sophie.
ab-ge-gangen wär'.
Schäm' mich in Grund und Bo - den.
dim.

265
Sophie.
Ver-steh' sehr wohl, mit was für ei-nem Blick Ih-re fürst-li-che
pp
psfz
pp
266
Gna - den mich be - tracht.
Octavian.
Ich schwör' Ihr mei-ner Seel' und Se - lig - keit!
pp
espr.
Laß Er mich geh'n! Der Va - ter braucht mich drin.
(faßt ihre Hand)
Oct.
Ich laß Sie nicht!
espr.
pp
p

allmählich
Sophie.
Das sagt sich
Marschallin.
(steht jäh auf, bezwingt sich aber und setzt sich wieder)
Oct.
Ich brauch' Sie nö-ti-ger.
poco a
dim.
267 bewegter (ganze Takte schlagen!)
Metr. 𝅗𝅥. = 60
Sophie.
leicht.
Marsch. (vor sich, getragen)
Heut' o-der mor-gen o-der den ü-ber-näch-sten
Oct.
Ich hab' Sie
poco più mosso
pp
espr.
Sophie.
Das ist nicht wahr.
Marsch.
Tag. Hab' ich mir's denn nicht vor-ge-sagt?
Oct.
ü-ber-mä-ßig lieb.
espr.
espr.

268

Sophie. Er hat mich nicht so lieb, als wie Er spricht. Ver-

Marsch. Das al - les kommt halt ü - ber je - de Frau.

psfz *pp* *espr.*

Sophie. geß Er mich!

Marsch. Hab' ich's denn nicht ge - wußt? Hab' ich nicht ein Ge -

Octavian. Ist mir um Sie und nur um Sie!

sempre animato

269

Sophie. Ver - geß Er mich!

Marsch. lüb - - - - de tan? Daß ich's

Oct. (heftig) Mag Al - les

cresc.

(leidenschaftlich)
270
Sophie.
Ver - geß Er
Marsch.
mit ei - nem ganz
Oct.
drun - ter und drü - ber geh'n!
Hab' kei - nen
sehr schnell
(molto allegro) Metr. 𝅗𝅥. = 69
f
Ped.
Sophie.
mich!
Marsch.
ge - faß - ten Her - zen er - tra - gen
Oct.
an - dern Ge - dan - ken nicht. Seh' all - weil
sfz

271

(schwach abwehrend)

Sophie. Ver - geß Er mich!

Marsch. werd'... Heut' o - der mor - gen o - der den ü - - - - ber näch - sten Tag.

(Er faßt mit beiden Händen ihre beiden Hände.)

Oct. Ihr lieb Ge - sicht. Hab' all - zu lieb Ihr lieb Ge - sicht.

Ped. *

(sie wischt sich die Augen, steht auf)

272

Sophie (leise) Die Für - stin da! Sie ruft Ihn hin. So geh' Er doch!

(Mezzo tempo)

Doppelt so langsam (♩. = 𝅗𝅥. des 3/4) ♩=69

p

(Octavian ist ein paar Schritte gegen die Marschallin hingegangen, steht jetzt zwischen Beiden verlegen.)

Pause.

(Sophie in der Tür, unschlüssig, ob sie gehen oder bleiben soll.)

(Octavian in der Mitte, dreht den Kopf von einer zur andern. Marschallin sieht seine Verlegenheit; ein trauriges Lächeln huscht über ihr Gesicht.)

275
Marsch.
le - gen da in der Mit-ten steht.
(zu Sophie)
Oct.
Bleib' Sie um Al - les hier!
p
pp
poco a poco calando
(Die Marschallin geht, ohne Octavian zu beachten, zu Sophie hinüber, sieht sie prüfend, aber gütig an.)
(zur Marschallin)
Oct.
Wie, hat Sie was ge-sagt?
p
(Sophie in Verlegenheit, knixt.)
(Octavian tritt einen Schritt zurück.)
276
3
pp
Marschallin.
Metr. 𝅗𝅥. = 80
So schnell hat Sie ihn gar so lieb?
leicht bewegt (con moto grazioso).
p

Sophie (sehr schnell)
277
Ich weiß nicht, was Eu-er Gnaden meinen mit der Frag'.
Marsch.
Ihr blaß Gesicht
pp
(in großer Schüchternheit und Verlegenheit, immer sehr schnell)
Sophie.
Wär gar kein Wun-der, wenn ich blaß bin,
gibt schon die rech - te Ant-wort d'rauf.
Eu-er Gna-den, Hab' ei-nen gro-ßen Schreck er-lebt mit dem Herrn Va - ter.
Gar nicht zu re-den von ge-rechtem Em-por-te-ment ge-gen den scan-da-lö-sen Herrn Ba-
p sfz

Sophie.
ron. Bin Eu-er Gnaden in E-wig-keit verpflich-tet, daß mit De-ro Hilf und Aufsicht _
pp
p
278
Marschallin (abwehrend)
Red' Sie nur nicht zu viel, Sie ist ja hübsch ge-nug! Und gegen dem
cresc.
Marsch.
Herrn Pa-pa sein Ü-bel weiß ich et-wa ei-ne Me-di-zin. Ich geh'
poco più mosso ♩.=92
pp
Marsch.
279
jetzt da hin-ein zu ihm und lad' ihn ein, mit mir und Ihr
sf

280
Marsch.
und dem Herrn Gra-fen da in mei-nem Wa-gen heim-zu-fah-ren meint Sie nicht,
pp
sfz
p
Marsch.
daß ihn das re-kre-ie-ren wird und all-be-reits ein we-nig mun-ter ma-chen?
281
Sophie.
Eu-er Gnaden sind die Gü-te selbst.
Marsch.
Und für die Blässe weiß vielleicht mein
allmählich ruhiger werdend
(poco a poco più calmato)
dolce espr.
(alles sehr zart im Ausdruck und Vortrag)
pp
282
Marsch.
Vet-ter da die Me-di-zin.
Octavian.
(innig)
Ma-rie The-res, wie
p espr.
dim.

283

(mit einem undefinierbaren Ausdruck)
(leise)

Marsch. Ich weiß

Oct. gut Sie ist. Marie Theres,' ich weiß garnicht

pp *ppp*

(ganz tonlos) 284 (sie winkt ihm, zurückzubleiben)

Marsch. auch nix. Gar nix. (unschlüssig, als wollte er ihr nach)

Oct. Ma - rie The - res'!

sempre più lento

ppp *espr.*

(Octavian steht ihr zunächst, Sophie weiter rechts.)

Marsch. (bleibt in der Tür stehen) (vor sich) Hab'

[Trio]

sfz *espr.* *pp*

285

Marsch. mir's ge-lobt, ihn lieb zu ha-ben in der rich-ti-gen Weis', daß ich

p

Moderato e molto sostenuto.

Mäßig langsam und sehr getragen.

Metr. ♩=72

p

286
Sophie.
(vor sich)
p
Mir ist wie in der Kirch'-
Marsch.
selbst sein Lieb' zu ei-ner an- - - dern noch lieb
Octavian.
(vor sich)
Es ist was kom-men
dim.
287
Sophie.
n, hei- - lig ist mir und so
Marsch.
pp
hab! Hab' mir frei - lich nicht ge-dacht, daß es so bald
Oct.
(ausdrucksvoll)
und ist was g'scheh'n. Ich möcht' sie fra- - - gen:
espr.

Sophie.
bang und doch ist mir un - hei - - - - lig
Marsch.
(seufzend)
mir auf-ge-legt sollt wer - den. Es sind die meh-re-ren Din - ge auf der
Oct.
darf's denn sein? Und g'rad' die Frag' die
288
Sophie.
auch! Ich weiß nicht, wie mir ist.
Marsch.
Welt, so daß sie ein's nicht glau - ben tät', wenn man sie
Oct.
spür' ich, daß sie mir ver - bo - - ten ist. Ich möcht' sie

(ausdrucksvoll)
Sophie
Marsch.
Oct.
p
Wie in der Kirch'n — so hei - lig — so bang. Ich möcht' mich
möcht' er - zäh - len hör'n. Al - lei - nig,
fra - - gen, ich möcht' sie fra - gen: wa -
cresc.
Sophie
Marsch.
Oct.
nie - der - knien dort vor der Frau und möcht' ihr was
wer's er - lebt, der glaubt da - ran und weiß nicht
rum, wa - rum zit - tert was in mir? Ist denn ein gro - ßes Un - recht ge -

289
Sophie
an - tun; denn ich spür', sie gibt mir ihn und
Marsch.
wie
Oct.
scheh'n? Und grad' an die, und grad' an die,
Metr. ♩ = 80
fp
espr.
cresc.
Sophie
nimmt mir was von ihm zu - gleich. Weiß gar - nicht,
Oct.
und grad' an die, an die darf ich die Frag', die Frag'
poco accelerando
290
Sophie
wie mir ist. Möcht' al - les ver - steh'n
Marschallin.
f
Da steht der Bub
Oct.
nicht tun. Und dann seh' ich
tempo primo
p subito
espr.
f

Sophie
und möcht' auch nichts versteh'n. Möcht' fra - gen und nicht
Marsch.
und da steh' ich und mit dem frem - den Mä - - -
Oct.
dich an, So - phie und seh' nur dich, spür' nur dich,
cresc.
mf
cresc.
291
(Aug' in Aug' mit Octavian)
Sophie
fra - - gen, wird mir heiß und kalt. Und spür' nur dich
Marsch.
- - - del dort wird er so glück - -
Oct.
spür' nur dich, So - phie, und seh' nur
(Metr. ♩ = 88)
f
p

cresc.
Sophie
und weiß nur eins:
mf
cresc.
Marsch.
lich sein,
cresc.
Oct.
dich
und weiß von nichts als nur:
8
cresc.
292
ff
Sophie
dich hab' ich lieb, dich
ff
Marsch.
als wie halt Män - ner das Glück - lich - sein
ff
ff
Oct.
dich, dich hab'
(Metr. 𝅗𝅥 = 84)
Metr. 𝅗𝅥 = 80
8
ff
8
ff

293
Sophie
hab' ich lieb.
Marsch.
ver - steh'n.
Oct.
ich lieb.
Breit Metr. ♩= 72
(Allargando)
8
loco
ff
Marsch.
294 (Die Marschallin geht leise links hinein,
In Got - tes Na - men.
ff
f
espr.
die Beiden bemerken es gar nicht.)
295 (Octavian ist
dim.
p dim.
pp
f

(Einen Augenblick später liegt sie in seinen Armen.)
dicht an Sophie herangetreten.)
rit.
a tempo, moderato
Metr. ♩ = 80
molto cresc. ff
p subito
(Harfen)
col Ped.
Trp.
296
col Ped. sempre
molto espr.
a poco a poco ancora più tranquillo
espr.
297
dim.

[Del Mar ... 71]

Sophie.
p
Ist ein Traum, kann nicht wirk-lich sein, daß wir zwei bei-ei-nan-der sein,
Octavian.
p
Spür' nur dich, spür' nur dich al-lein und daß wir bei-ei-nan-der sein!
Metr. ♩ = 69
ruhig gehend (Andante tranquillo)
pp
Sophie
bei ei-nand' für al-le Zeit und E - - - - - wig-keit.
pp
Oct.
Geht all's sonst wie ein Traum da-hin vor mei - - - - nem Sinn.
pp
dolce
298
(stärker)
Oct.
War ein Haus wo, da warst du drein und die
Hr.
(Metr. ♩ = 76)
espr.
pp
espr.

Oct.
Leu - te schik-ken mich hin - ein, mich grad-aus in die Se - -
poco accelerando
mf espr.
tr
p espr.
cresc.
Sophie.
299
Kannst du la-chen? Mir ist zur Stell' bang
Oct.
- - - lig - keit! Die wa - ren g'scheidt!
poco calando
a tempo Metr. ♩= 76
f
dim.
dim.
pp
Sophie
wie an der himm - li - schen Schwell'! Halt mich!

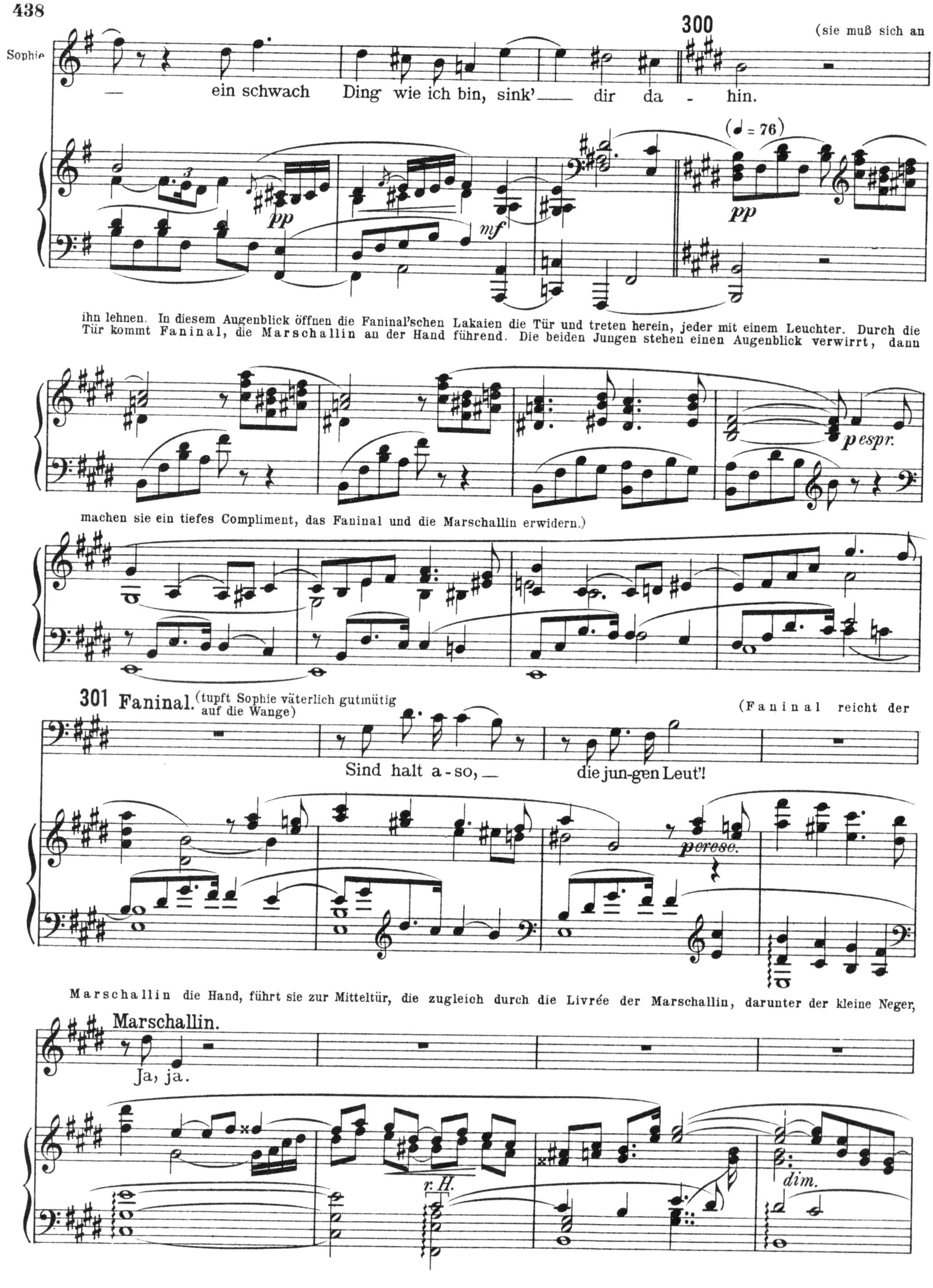

ihn lehnen. In diesem Augenblick öffnen die Faninal'schen Lakaien die Tür und treten herein, jeder mit einem Leuchter. Durch die Tür kommt Faninal, die Marschallin an der Hand führend. Die beiden Jungen stehen einen Augenblick verwirrt, dann

p espr.

machen sie ein tiefes Compliment, das Faninal und die Marschallin erwidern.)

301 Faninal. (tupft Sophie väterlich gutmütig auf die Wange) (Faninal reicht der

Sind halt a-so, die jun-gen Leut'!

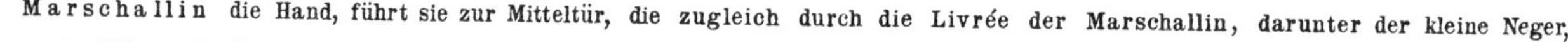
Marschallin die Hand, führt sie zur Mitteltür, die zugleich durch die Livrée der Marschallin, darunter der kleine Neger,

geöffnet wurde.)
302 (Draußen hell, herinnen
pp
molto cresc.
halbdunkel, da die beiden Diener mit den Leuchtern der Marschallin voraustreten.)
f
Sophie. (träumerisch) 303
p
Ist ein Traum, kann nicht
Octavian. (träumerisch)
p
Spür' nur dich, spür' nur
dolcissimo possibile
dim.
pp
Sophie
wirk - lich sein,
daß wir zwei bei-ei-
Oct.
dich al - lein
und daß wir bei-ei-
(Harfen, Celesta)

Sophie
Oct.
nan-der sein, bei ei-nand für
nan-der sein! Geht all's sonst wie ein
8
al-le Zeit und E- - - - - - - - wig-keit.
Traum da-hin vor mei- - - - - - - nem Sinn.
304
r.H.
p
Spür'nur dich
Spür'nur dich al-lein, dich
sempre
espr.
l. H.
r.H.
p espr.

305
Sophie
dim.
pp
al - lein.
Oct.
dim.
pp
al - lein.
più tranquillo
dim.
pp
(Sie sinkt an ihn hin.)
306
pp
(Er küßt sie schnell. Ihr fällt, ohne daß sie es merkt, ihr Taschentuch aus der Hand. Dann laufen sie schnell Hand in Hand, hinaus.)
sempre pp
(Die Bühne bleibt leer.)
307
poco calando
ppp
pp
p
(Dann geht

nochmals die Mitteltür auf. Herein kommt der kleine Neger, mit einer Kerze in der Hand. —

Ende.